文房清玩・歷代名硯名墨 6

閱 是 編

浙江人民美術出版社

圖書在版編目（ＣＩＰ）數據

歷代名硯名墨 6 / 閱是編. -- 杭州 ：浙江人民
美術出版社，2017.11（2018.1重印）
（文房清玩）
ISBN 978-7-5340-6212-4

Ⅰ．①歷　　Ⅱ．①閱　　Ⅲ．①古硯-收藏-中國-圖
録②墨-收藏-中國-古代-圖録　Ⅳ．①G262.8-64

中國版本圖書館CIP數據核字(2017)第238513號

文房清玩・歷代名硯名墨6
閱　是　編

責任編輯　楊　晶
文字編輯　傅笛揚　羅仕通
裝幀設計　陸豐川
責任印製　陳柏榮

出版發行　浙江人民美術出版社
　　　　　（杭州市體育場路 347 號）
網　　址　http://mss.zjcb.com
經　　銷　全國各地新華書店
製　　版　杭州富春電子印務有限公司
印　　刷　杭州富春電子印務有限公司
版　　次　2017 年 11 月第 1 版・第 1 次印刷　2018 年 1 月第 1 版・第 2 次印刷
開　　本　889mm×1194mm 1/16
印　　張　12.5
書　　號　ISBN 978-7-5340-6212-4
定　　價　375.00 圓

前　言

　　"美成在久"，語出《莊子·人間世》。但凡美好之物，都需經日月流光打磨，才能日臻至善。一蹴而就者，哪能經得起歲月的考驗？真正的美善，一定是"用時間來打磨時間的產物"——卓越的藝術品即如此，有社會責任感的藝術拍賣亦如此。

　　西泠印社的文脈已延綿百年，西泠拍賣自成立至今，始終以學術指導拍賣，從藝術的廣度與深度出發，守護傳統，傳承文明，創新門類。每一年，我們秉持著"誠信、創新、堅持"的宗旨，徵集海內外的藝術精品，通過各地的免費鑒定與巡展、預展拍賣、公益講堂等形式，倡導"藝術融入生活"的理念，使更多人參與到藝術收藏拍賣中來。

　　回望藝術發展的長河，如果沒有那些大藏家、藝術商的梳理和遞藏，現在我們就很難去研究當時的藝術脈絡，很難去探尋當時的社會文化風貌。今時今日，我們所做的藝術拍賣，不僅著眼于藝術市場與藝術研究的聯動，更多是對文化與藝術的傳播和普及。

　　進入大眾的視野，提升其文化修養與生活品味，藝術所承載的傳統與文明才能真正達到"美成在久"——我們出版整套西泠印社拍賣會圖錄的想法正源於此。上千件躍然紙上的藝術品，涵括了中國書畫、名人手跡、古籍善本、篆刻印石、歷代名硯、文房古玩、庭院石雕、紫砂藝術、中國歷代錢幣、油畫雕塑、漫畫插圖、陳年名酒、當代玉雕等各個藝術門類，蘊含了民族的優秀傳統與文化，雅致且具有靈魂，有時間細細品味，與它們對話，會給人以超越時空的智慧。

　　現在，就讓我們隨著墨香沁人的書頁，開啟一場博物藝文之旅。

目 録
CONTENTS

2130

清·斌良銘隨形端硯

銘文：不雕琢，存吾璞。尚墨守，迺可久。戊寅春三月，芝耕銘。

說明：硯為端溪佳石所製，隨形，略加琢磨，開尚池，線條挺拔硬朗，氣格
清雅，石色灰紫，質地純淨，發墨極佳。配紅木天蓋。

QING DYNASTY A DUAN INKSTONE AND A MAHOGANY
CASE, INSCRIBED BY BIN LIANG

16 × 11.7 × 2.5cm

RMB: 10,000—20,000

銘者簡介：斌良（1771～1847）字芝耕，號梅舫，瓜爾佳氏，滿洲正紅旗人，
閩浙總督玉德子。刑部侍郎，駐藏大臣。善為詩，有《抱衝齋全集》。

2131

清 · 何元錫製九芝隨形端硯

銘文：九芝。何元錫製。

硯盒銘文：甲子冬至前三日寫似素亭尊兄大人文几並政。半園刻。

說明：硯為端石，隨形所製，石色紫，質細而潤，硯背有大片石皮，依
　　　石之形雕九芝圖，雕工樸拙有古意，配紅木硯盒，上有陰刻花卉圖，
　　　雕工清雅秀麗。

QING DYNASTY A DUAN INKSTONE AND A MAHOGANY
CASE, MADE BY HE YUANXI

24.9 × 18.9 × 3cm
RMB: 20,000 — 30,000

銘者簡介：何元錫（1766～1829）清藏書家、金石學家。字夢華，又字敬祉，
　　　　　號蜓隱。錢塘（今浙江杭州）人。監生，官至主簿。嗜古成癖，
　　　　　精於目錄學，富收藏，家多善本。古印收藏較富，與江炬香
　　　　　為金石交。又精於簿錄之學，所藏書、金石，多有條貫。

藏家簡介：鄒淳文［清］，字素亭，江蘇蘇州人，善寫生，花卉有緻。

刻者簡介：穆半園［清］，江蘇揚州人，善刻竹扇骨，工仕女及書法。

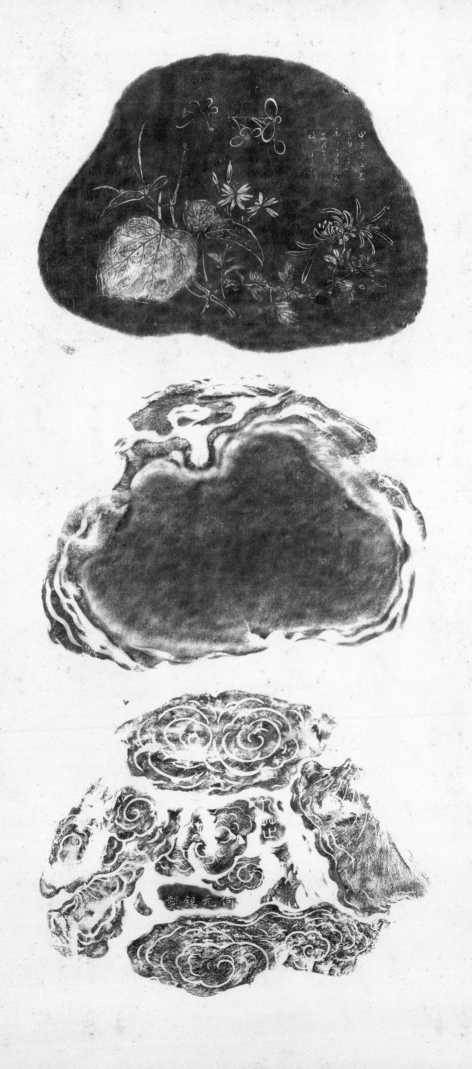

2132

清·沈景修、瞿鴻襪銘圓形綠端硯

銘文：1. 磨不磷，傳不朽。四海之內，不脛而走，是為君子之友。沈景修。印文：蒙
2. 溫潤而澤，縝密似栗。比德於玉，幽人貞吉。光緒十四年，鴻襪。印文：子玖

說明：綠端為端石中之稀有硯材，石質細膩純潔，色澤青綠純正。此硯以綠端石作圓形單打硯，圓正
大方，墨池深廣以利蓄墨，工藝精緻，線條圓美，不落舊俗，硯背仿漢瓦當樣式雕"仁義自成"
四字。石色碧綠潤澤，質地細膩而有鋒，藏用俱佳。配紅木天地蓋。

QING DYNASTY A CIRCULAR GREEN DUAN INKSTONE AND A MAHOGANY
CASE, INSCRIBED BY QU HONGJI AND SHEN JINGXIU

徑 17.5×4.2cm

RMB: 50,000－70,000

銘者簡介：1. 沈景修（1835～1899）字蒙叔，號汲氏，嘉興人，善書，俯仰古法，從衡正曹，真行入古，
得楊少師韭花帖真傳，偶寫花卉，效法悲盦。有聲於時，當時與海上畫派任伯年、舒浩
等關係密切，合作較多。
2. 瞿鴻襪 (1850～1918)，字子玖，號止盦，晚號西岩老人，湖南善化縣（今長沙縣）人。
同治進士。先後主持福建、廣西鄉試，任河南、四川、江蘇四省學政。

2133

清・二川銘荷蟹紋隨形端硯

銘文：人貽子孫以黃白，我貽子孫以拳石。唯石壽，唯石潔，守之慎勿失。外祖陳玉田公以此硯遺先王母，余謹守四十稔，今貽孫輔仁世守。光緒丁未夏，二川銘。

說明：硯以端石隨形所作，留細邊，硯堂平整寬闊，硯額留皮，巧雕成一荷葉形，池內浮雕小蟹一隻，生動傳神。石色紫，質地純淨細潤，有蕉葉白、青花及火捺等石品。配紅木硯盒。

QING DYNASTY A DUAN INKSTONE WITH LOTUS AND CRAB PATTERN AND A MAHOGANY CASE, INSCRIBED BY ER CHUAN

14.7 × 14.2 × 1.5cm

RMB: 20,000－30,000

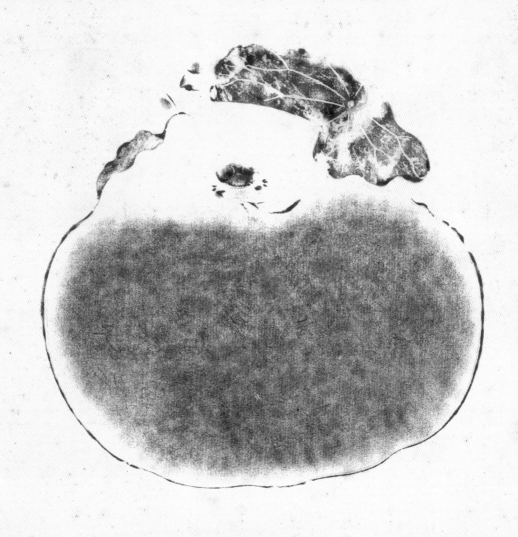

人貽子孫
叺黄白我貽子
孫叺拳石唯石壽唯
石潔守之愼勿失
外祖陳玉田公以此硯遺先王母
余謹守四十稔今貽孫
輔仁世守
光緒丁未夏
二川銘

2134

清 · 胡澍銘長方淌池歙硯

銘文：1. 同治七年四月甲子日，得此石於新安郡城，自造為研永用。養原氏識。
2. 涵星石兮等冰堅，出歙井兮幾何年。伊誰手兮摩為磚，偶養原兮乃成研。弟胡澍銘。

硯蓋銘文：一寸心，一方研。萬卷書，其三田，子種而孫耕。丁丑二月冰壺父銘。

著錄：《文房鱗爪》P49，2009 年。

說明：此硯為張開勳舊藏，由其家屬提供。配紅木天地蓋。

QING DYNASTY A RECTANGULAR SHE INKSTONE AND A
MAHOGANY CASE, INSCRIBED BY HU SHU AND COLLECTED
BY ZHANG KAIXUN

Illustrated: *Wen Fang Lin Zhua*, p. 49, 2009

23.8 × 14.3 × 2.9cm

RMB: 40,000－60,000

銘者簡介：胡澍（1825 ～ 1872 年），字荄甫，又字甘伯，號石生。績溪（今安徽省績溪縣）人。咸豐九年（1859 年）舉於鄉，後捐升郎中，分發戶部山西司。書法師鄧石如，但遒勁中多有柔媚，飄逸中又有委婉，胡澍為趙之謙交往最久亦認識最早之金石友人，工篆書，得秦、漢人遺意，亦能畫梅。撰《黃帝內經素問校義》。

 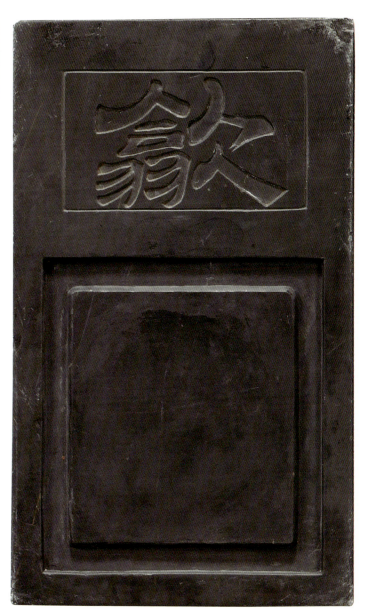 

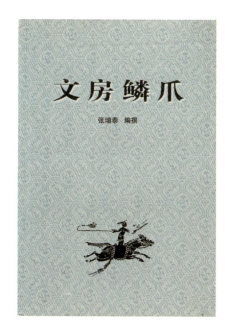

2135

清·張鏐銘蕉葉紋澄泥硯

銘文：不雕不飾，體質天生，背為蕉葉，破而不成，綠天吟賞，
　　　風聲雨聲。老薑。

說明：硯為澄泥質，隨形，淺開淌池，小巧靈秀，造型獨特，硯
　　　背雕蕉葉紋，雕琢簡潔，頗具風姿。石色黃中帶綠，質地
　　　堅實潤澤，下發墨極佳。配紅木硯盒。

QING DYNASTY A CHENGNI INKSTONE WITH
PLANTAIN LEAF PATTERN AND A MAHOGANY
CASE, INSCRIBED BY ZHANG LIU

8×9.5×1.1cm

RMB: 30,000－40,000

銘者簡介：張鏐（1769～1821），字子真，一作紫貞，號老薑，
　　　　　一號井南居士，江蘇揚州人。工篆隸。善詩，孤峰峭
　　　　　立。精山水，筆意蒼莽，多參篆法，古拙瀟脫。性耿介，
　　　　　不隨俗，窮老以終。著有《求當齋集》。

2136

清·楊伯潤銘隨形硯

款識：伯潤

銘文：雲根月窟。印文：吳

說明：硯隨形而作，略加雕飾，闊不盈掌，小巧可愛，或為行囊硯。
　　　正面留窄邊，硯堂微凹，半圓池。石色紅褐，石質溫潤細膩，
　　　下墨極佳，可賞可用，堪稱案頭佳器。配楊伯潤畫山水
　　　人物圖紅木天地蓋。

QING DYNASTY　AN INKSTONE AND A
MAHOGANY CASE, INSCRIBED BY YANG
BORUN

7.6 × 6.1 × 2.5cm

RMB: 40,000－60,000

銘者簡介：楊伯潤（1837～1911）清代書畫家，海上畫派名家
　　　　　之一。字佩夫，一作佩甫，號茶禪，別號茶禪居士、
　　　　　南湖，一作南湖外史，室名南湖草堂、語石齋。浙
　　　　　江嘉興人。亦工詩，善書畫，尤工行草。曾任豫園
　　　　　書畫善會會長。著《南湖草堂集》《語石齋畫》。

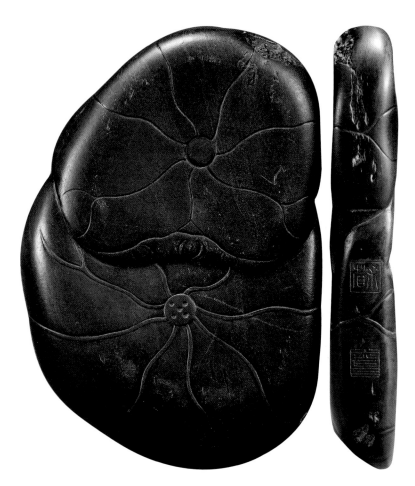

2137

清 · 余省款荷葉端硯

印文：余省　曾三

說明：老坑端硯，色微紫，質地細膩。制硯取法自然，
　　　隨形而作荷葉紋樣，頗有趣味。配紫檀木硯盒。

QING DYNASTY　A LOTUS-LEAF-SHAPED
DUAN INKSTONE WITH 'YU SHENG' MARK
AND A ZITAN CASE

9.7×6.8×1.4cm

RMB: 30,000－40,000

款者簡介：余省（1692～1767），字曾三，又字唯亭，
　　　　　號魯亭、唯亭居士，江蘇常熟人。珣子。曾
　　　　　受業於蔣廷錫。乾隆時供奉內廷。善花鳥、
　　　　　蟲魚、翎毛，間參西法，賦色妍麗，尤善畫
　　　　　蝶，兼工蘭竹水仙。

2138

陳子奮銘圓形端硯

銘文：也非秦鈢漢封泥，自異雙吳與老齊（吳讓之
吳昌碩齊白石）。窗日情佳風又勁，磨刀獨
自割天倪。年來風格變廉纖，又或狂夫利且
鈷。試看殷周青銅器，銘文清麗複端嚴。自
作論印詩二首，友誠兄屬刻正之。子奮。

說明：配木天地蓋。

A CIRCULAR DUAN INKSTONE AND
CASE AND A WOOD CASE, INSCRIBED
BY CHEN ZIFEN

直徑 10cm　厚 3cm
RMB: 30,000－40,000

銘者簡介：陳子奮（1898～1976），原名起，字意
薌，號無寐、風叟、水叟，室名宿月草
堂、日香書屋等。祖籍福建長樂。父吉光，
精書畫篆刻。子奮書畫、篆刻兼精。任
中國美術家協會福建分會副主席。有《陳
子奮白描花卉冊》《壽山石小志》《福
建畫人傳》等。

2139

清・黃任銘月池隨形端硯

銘文：奉雲望舒，取水方諸，斯乃青虹貫昷之美璞，以孕茲五色珥戴之蟾蜍。莘田。印文：黃任 莘田自賞 得爾以為厚幸

說明：端溪佳石，隨形作硯，邊留石皮，古樸厚重。開圓形池，形如滿月，石色青紫。細膩潤澤，純淨無暇，鋒芒內蘊，下發墨極佳。配紅木硯盒。

QING DYNASTY A DUAN INKSTONE AND A MAHOGANY CASE, INSCRIBED BY HUANG REN

11.8 × 16.5 × 3.3cm

RMB: 80,000－100,000

銘者簡介：黃任（1683～1768），字于莘，號莘田，福建永福人。文煥曾孫。康熙舉人，官廣東四會知縣。有硯癖，自號十研先生，工書法，初學于林佶，後得筆法于汪士鋐，詩學王士禎，著《秋心集》。

秦雲聖餐飴以方諧那
䰟青江貫出士義璞以
象語五石珀載业瀹綵

莘田
貢蒦

褐爾切
陽言本

莘田
園臣

2140

清・張子祥銘姚燮藏長方淌池端硯

銘文：續青藤館圖。伯楳司鼎一兄屬子祥寫。

說明：硯為端石所製，長方淌池式，線條挺拔硬朗，有剛健之氣。石色灰
　　　紫，純淨無瑕，為端石中上佳石材。配陰刻張子祥畫青藤館圖山水
　　　人物，刻工清雅，文人氣十足。

QING DYNASTY A RECTANGULAR DUAN INKSTONE,
INSCRIBED BY ZHANG ZIXIANG

15.8 × 10.7 × 2.5cm

RMB: 75,000－90,000

銘者簡介：張熊（1803～1886），又名張熊祥，字壽甫，亦作壽父，號子祥，
　　　　　晚號祥翁，別號鴛湖外史，鴛湖老人等。秀水（今浙江嘉興）人，
　　　　　富收藏，擅花卉，與任熊、朱熊合稱"滬上三熊"。張熊亦工詩，
　　　　　著作有《題畫集》《銀藤花館詩鈔》

藏家簡介：姚燮（1805～1864）晚清文學家、畫家。字伯梅，號復莊，
　　　　　浙江寧波人。道光舉人。

2141

清·王傑、畢沅銘精一道人製雲紋隨形端硯

銘文：1. 精一道人製。

2. 寶珊。

3. 有石拳拳，作萬頃田，子孫耕種，永享豐年。乾隆三十年四月朔日，王傑自記。印文：王氏所藏

4. 方如地象，圓似天光。臨池馥馥，梅香墨香。秋帆銘。印文：秋帆

鑒藏印：子孫永用

出版：1.《文房至寶》P116,P117，河出書房新社。

2.《硯臺》P246，P247. 株式會社美術出版社，1998 年。

說明：硯隨形而作，近橢圓形，飽滿厚重，開淌池，邊飾雲紋，刀法圓轉流暢，色紫紅，石質細膩，鋒芒內蘊，下發墨極佳。硯背有王傑、畢沅二人銘文，書刻俱佳，並有"精一道人制"五字落款，精一道人失考，觀此硯知其定為琢硯高手。王、畢二人皆為狀元，此硯可稱狀元硯。配紅木硯盒。

QING DYNASTY A DUAN INKSTONE WITH CLOUD PATTERN AND A MAHOGANY CASE, MADE BY JINGYI DAOREN AND INSCRIBED BY WANG JIE AND BI YUAN

Illustrated: 1. *Treasures in the Study*, pp.116-117, Kawade Shobo Shinsha

2. *Inkstone*, pp. 246-247, Bijutsu Press, 1998

22.6 × 20.2 × 5.7cm

RMB: 250,000－350,000

銘者簡介：1. 王傑（1725～1805 年），字偉人，號惺國，陝西韓城人。清朝狀元，清代陝西第一名臣。歷任內閣學士，右都御史，軍機大臣，東閣大學士，追贈為太子太師，諡號文端。

2. 畢沅（1730 年～1797 年），清代官員、學者。字纕蘅，亦字秋帆，號靈岩山人。江蘇鎮洋（今江蘇太倉）人。乾隆二十五年狀元，歷任河南巡撫，湖廣總督，賞輕車都尉世襲。追贈太子太保。精經史小學金石地理之學，有《續資治通鑒》，《傳經表》《經典辨正》《靈岩山人詩文集》等

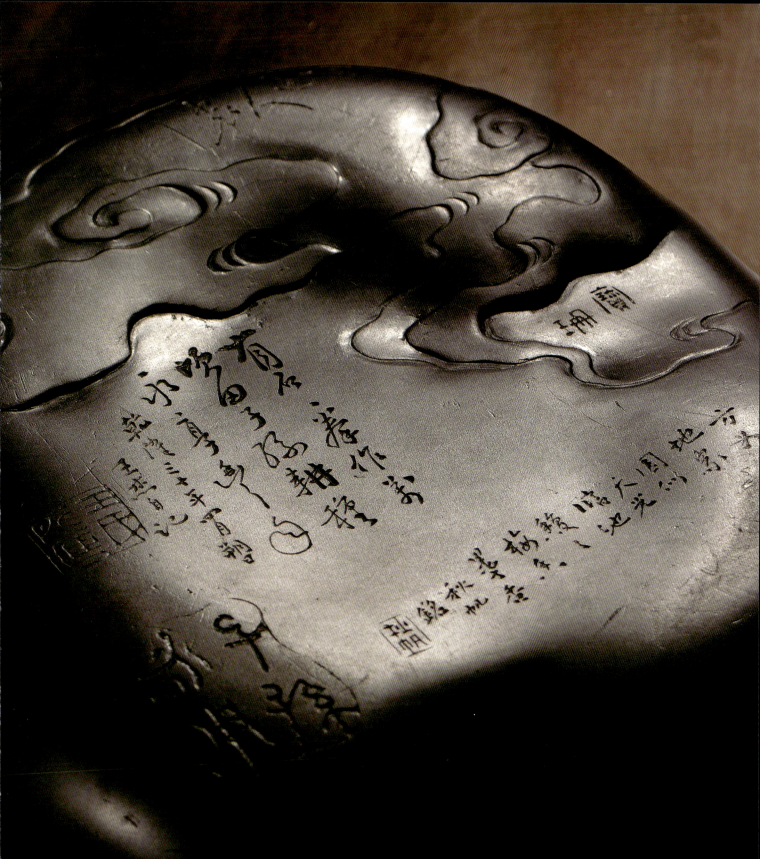

2142

清·鐘形池長方端硯

銘文：范郎紫玉餘半圭，翻手作雲雨雷隨。龍蛇起陸孔
　　　翠飛。雲收雨霽千首詩。亨仲。

說明：硯作長方形，正面深開鐘形硯池，雕工質樸，線
　　　條凝練。石色紫，細膩柔嫩，純淨無瑕，叩如木聲，
　　　呵氣成暈，為端石中上品。硯側銘文為宋鄭剛中《詠
　　　范達夫硯》，鄭剛中（1088～1154），字亨仲，金
　　　華人，紹興二年進士，南宋名臣。

**QING DYNASTY　A RECTANGULAR DUAN
INKSTONE**

17.3×11.1×3.6cm
RMB: 20,000－30,000

范郎紫玉餘半圭翻手作
雲雨電隨龍蛇起陸孔翠
飛雲收雨霽千首詩亨仲

十髮先生六十壽詩

克思亮臧陳曾壽書

陳罷刻硯甲子所辭日

人生才智各

有涯有能不能空

治喟東坡先生天而煊

事氣郎完無瑕詩詞夐

攷書畫道名家而兼

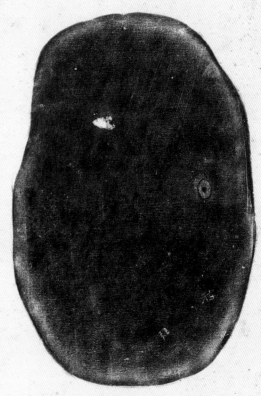

十髮盦藏
第六孫會煒刻
年十一歲

2143

袁思亮銘、陳曾壽書、陳巨來刻程頌萬自用端硯

硯盒銘文：1. 鸜鵒硯。昔予六十伯葵賦詩，仁先書於硯背，因題匣端。東坡非吾不可至，坡世乃非吾所世。贈詩壽我袁中郎，呼我起坡分短長。公歸海外我世外，朋鷃天風豈相會。文章爅爅波渾渾，願得化公天路塵。端溪紫雲割一片，鸜鵒轉睛胡不獻。視予視坡何以辯，學百不如名複賤。公歸乃得田易羨，我流貧汝償炊爨，蒼虯侍郎書此詩，為我哭之還笑之。十髮翁，庚午冬日年六十又六。

2. 十髮盦藏，弟六孫，會煒刻，年十一歲。

銘文：人生才智各有涯，有能不能空諮嗟。東坡先生天所厚，政事氣節完無瑕。詩詞文賦並奇絕，餘事書畫猶名家。前無古人後來者，落落千載誰能加。並世乃有十發叟，公之所能無不有。仕宦顯晦雖殊科，亦博循聲在人口。鹿川詩卷定巢詞，晚歲為文尤不苟。公專畫竹叟畫石，雪浪奇峰入吾手。公書磅礴難遽同，叟書篆隸能兼工。即論嗜酒亦相似，少飲輒醉時復中。公生盛時叟所羨，叟之所遭公不見。閉門講學扶人倫，欲以六經康世變。獨有一事公不如，糟糠偕老鴻光廬。雖無潁濱有過邁，叚以大耋能乘除。瓣香南豐吾敢擬，惟不能詩差可比。雷門布鼓叟莫何，引滿大笑蒼顏酡。十髮先生六十壽詩，袁思亮賦，陳曾壽書，陳斝刻硯，甲子竹醉日。

著録：《安持人物瑣憶》P75，陳巨來著，上海書畫出版社。

說明：1. 此拍品為程頌萬舊藏。

2. 硯作隨形，側微留皮，石質細膩，石色紫泛青灰，鋒芒畢露，發墨極佳。硯堂一側有活眼一顆，暈作數重，背有袁思亮賦、陳曾壽書、陳巨來刻楷書長銘。陳巨來為近現代篆刻大家，而硯銘極少作，此硯見於其《安持人物瑣記》中，硯背部分銘字為陶壽伯代刀。

A DUAN INKSTONE INSCRIBED BY YUAN SILIANG, ENGRAVED BY CHEN JULAI AND THE CALLIGRAPHY BY CHEN CENGSHOU AND COLLECTED BY CHENG SONGWAN

Literature: *Chen Julai's Memories about His Acquaintances*, p. 75, Shanghai Calligraphy and Painting Publishing House

19.2 × 13.3 × 2cm

RMB: 550,000 — 700,000

銘者簡介：袁思亮（1879～1939），民國藏書家、學者。字伯夔、一字伯葵，號蘉庵、莽安，別署袁伯子，清末大臣袁樹勳之子。著有《蘉庵文集》、《蘉庵詞集》、《蘉庵詩集》等。

書者簡介：陳曾壽（1877～1949），字仁先，號蒼虯，又字耐寂，湖北蘄水人。工書畫。光緒二十九年進士，任刑部主事。官至廣東監察禦史，辛亥革命後居杭州，以賣畫自給。

刻者簡介：陳巨來（1905～1984），名斝，字巨來，以字行。號塙齋、安持，晚號曹叟，齋名安持精舍，浙江平湖人。趙叔孺弟子。擅書法，尤精於篆刻，刻印功力深厚，工致典雅。一生治印不下三萬方。為當代金石大師。著有《安持精舍印話》。

藏家簡介：程頌萬（1865～1932年），字子大，一字鹿川，號十髮居士。湖南寧鄉人。少有文才，善應對，喜研詞章。平生喜作詩詞並擅長書法，篆、隸、楷均精。晚年曾寓居上海，與陳夔龍、陳曾壽、余肇康、陳三立、夏敬觀、瞿鴻禨、俞壽璋、俞萊山、朱祖謀等交善。

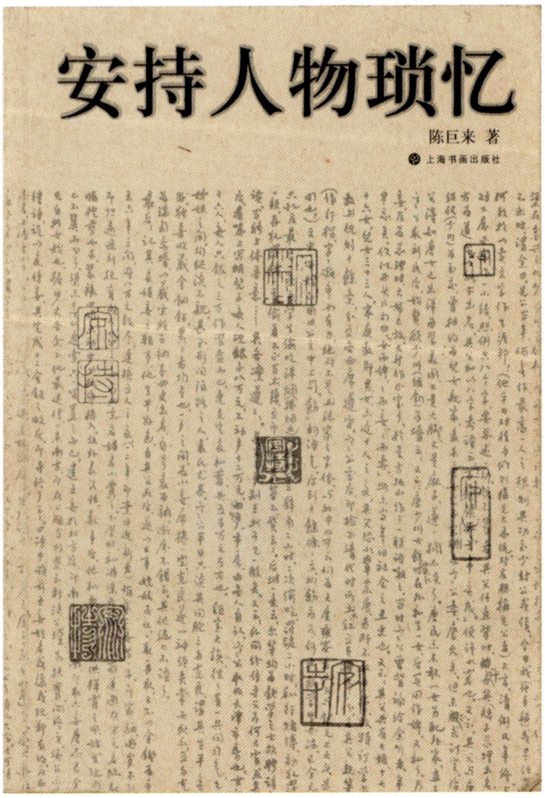

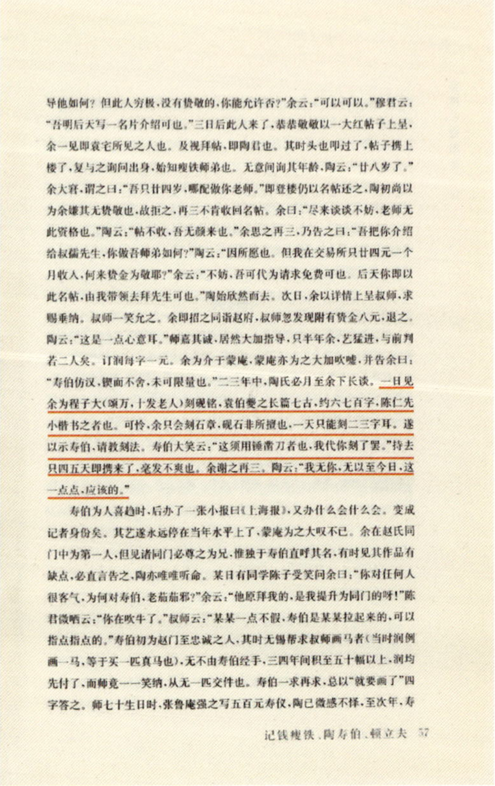

导他如何？但此人穷极，没有贽敬的，你能允许否？"余云："可以可以。"穆君云："吾明后天写一名片介绍可也。"三日后此人来了，恭恭敬敬以一大红帖子上呈，余一见即袁宅所见之人也。及视拜帖，即陶君也。其时头也叩过了，帖子携上楼了，复与之询问出身，始知瘦铁师弟也。无意间询其年龄，陶云："廿八岁了。"余大窘，谓之曰："吾只廿四岁，哪配做你老师。"即登楼仍以名帖还之，陶初尚以为余嫌其无贽敬也，故拒之，再三不肯收回名帖。余曰："尽来谈谈不妨，老师无此资格也。"陶云："帖不收，吾无颜来也。"余思之再三，乃告之曰："吾把你介绍给叔孺先生，你做吾师弟如何？"陶云："因所愿也。但我在交易所只廿四元一个月收入，何来贽金为敬耶？"余云："不妨，吾可代为请求免费可也。后天你即以此名帖，由我带领去拜先生可也。"陶始欣然而去。次日，余以详情上呈叔师，求赐垂纳。叔师一笑允之。余即招之同谐赵府，叔师忽发现附有贽金八元，退之。陶云："这是一点心意耳。"师嘉其诚，居然大加指导，只半年余，艺猛进，与前判若二人矣。订润每字一元。余为介于蒙庵，蒙庵亦为之大加吹嘘，并告余曰："寿伯仿汉，锲而不舍，未可限量也。"二三年中，陶氏必月至余下长谈。一日见余为程子大（颂万，十发老人）刻砚铭，袁伯夔之长篇七古，约六七百字，陈仁先小楷书之者也。可怜，余只会刻石章，砚石非所擅也，一天只能刻二三字耳。遂以示寿伯，请教刻法。寿伯大笑云："这须用锤凿刀者也，我代你刻了罢。"持去只四五天即携来了，毫发不爽也。余谢之再三。陶云："我无你，无以至今日，这一点点，应该的。"

寿伯为人喜趋时，后办了一张小报曰《上海报》，又办什么会什么会。变成记者身份矣。其艺遂永远停在当年水平上了，蒙庵为之大叹不已。余在赵氏同门中为第一人，但见诸同门必尊之为兄，惟独于寿伯直呼其名，有时见其作品有缺点，必直言告之，陶亦唯唯听命。某日有同学陈子受笑问余曰："你对任何人很客气，为何对寿伯，老茄茄邪？"余云："他原拜我的，是我提升为同门的呀！"陈君微哂云："你在吹牛了。"叔师云："某某一点不假，寿伯是某某拉起来的，可以指点指点的。"寿伯初为赵门至忠诚之人，其时无锡帮求叔师画马者（当时润例画一马，等于买一匹真马也），无不由寿伯经手，三四年间积至五十幅以上，润均先付了，而师竟一一笑纳，从无一匹交件也。寿伯一求再求，总以"就要画了"四字答之。师七十生日时，张鲁庵强之写五百元寿仪，陶已微感不怿，至次年，寿

记钱瘦铁、陶寿伯、顿立夫 57

欽定四庫全書

欽定西清硯譜
卷十九

乾隆御題 [印]

内史王

注宜暗⋯陸

如内⋯陸

七七
柱光
分旅
明輪
朗九
朗

氣七
玉光
清旅
祥輪
誃九

如
內
景
黃
庭

注
宜
贈
山
陰

內
史
玉

乾
隆
御
題

舊端石七光硯正面圖繪圖十分之六

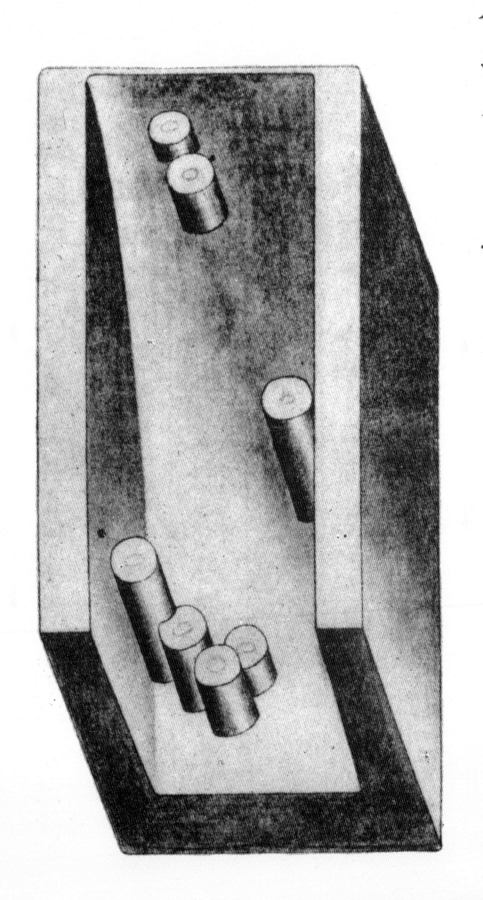

舊端石七光硯背面圖

七柱分明朗
七光旋輪九
氣玉清祥設
如内景黃庭陰
注宜贈山
内史王
乾隆御題

舊端石七光硯上方側面圖

七柱分明朗
七光旋輪九
氣玉清祥設
如內景黃庭
注宜贈山陰
內史王
乾隆御題

光耀西清

——《西清硯譜》載御銘宋代端石七光硯

以靜為用，是以永年。此八字為清康熙帝銘硯名句。文房四寶中，唯硯用之以靜，故歷萬世而不朽。此句雖習見不鮮，細細品味，大有道家深意。

硯傳千載，歷代寶之者眾，撰文著述，輯之成譜者亦多。宋代如歐陽修之《硯譜》，米芾之《硯史》，明代高濂《遵生八箋》中之《論研》，乃至清代高鳳翰之《硯史》，紀曉嵐之《閱微草堂硯譜》，沈石友之《沈氏硯林》，皆為著名硯學專述。然若論耗力之巨，規格之高，圖繪之精，說明之細，乾隆欽命編撰之《欽定西清硯譜》，當為群譜之冠。

《西清硯譜》之編纂，始於乾隆四十三年，乾隆帝命內臣于敏中等人，將內府所藏歷代名硯加以甄別揀選，命高手圖繪，並加以說明。據乾隆帝於硯譜序中所述："內府硯頗多，或傳自勝朝，或棄自國初，如晉玉蘭堂硯，壁水暖硯，久陳之乾清宮東西暖閣，因思物繁地博，散置多年，不有以薈綜稗記，或致遺佚失傳，為可惜也。"乃命大學士于敏中、梁國治、王傑、董誥、錢汝誠、曹文埴、金士松、陳孝泳等八人負責纂修，宮廷畫師門應兆負責繪圖，歷時四年，成書二十四卷，目錄一卷，乾隆帝親為作序，賜名《西清硯譜》

全書所收歷代名硯，上起漢唐，下至乾隆本朝所製，共計二百四十方，端、歙、澄泥、磚、瓦及松花石、紫金石、砣磯石、紅絲石等諸種類無所不包。

主持編纂者于敏中(1714－1780年)，字叔子，號耐圃，乾隆朝文華殿大學士，兼戶部尚書。曾主持編纂大量乾隆朝官修圖書，並親自開啟及促進《四庫全書》之纂修，為《四庫全書》正總裁。而《西清硯譜》古硯的圖繪部分，即硯之正、背、側面均由宮廷內閣中書，畫師門應兆奉敕描繪。門應兆是界畫高手，譜中每硯皆摹繪圖形、記錄尺寸，摹繪極為傳神。

在尚無照相技術的時期，書籍之編纂，圖像記錄為一大難點。畫譜以雕版，尚可存其形似，印譜及硯譜，多籍捶拓之力，存其文字而已，於實物之整體形式及紋理花色，高下浮凸，則無從措手矣。縱然有心以圖繪為之，多失之草草，因精繪圖形所費人物之力，非常人所能致。乾隆帝以一國之主，欽命編成此譜，為禁宮藏硯傳真留影，可謂一大功德。

譜中諸硯，現大部藏於兩岸故宮。臺北故宮曾展出館藏《西清硯譜》中所載之名硯，與硯譜中圖繪參看，可知圖繪之精妙傳神。除館藏以外，另有部分佳硯，散佚民間，難覓其蹤，多年以來，國內外大小排場，雖御銘之硯，所見不少，然譜載之物，從未一現，可謂憾事。

本場春拍，我們有幸征得《西清硯譜》所載之佳硯一方，見於《西清硯譜》之第十九卷，譜中題名曰：舊端石七光硯。硯為宋式太史樣，平堂，一字池，硯額處有高眼一顆，硯底抄手內留眼柱七枚，高下參差，石眼燦然，故名七光。譜中硯說記曰：硯高六寸五分，寬三寸九分，厚二寸九分，宋水坑端石也，橫理，蕉白青花隱隱，溫潤如玉，硯首正中有鴝鵒活眼一，圓暈明朗。上方則鐫御題詩一首，楷書，鈐寶一，曰德充符。覆手七柱，各有眼。雲笈七籤云：七光大明旋輪，九氣上應玉清。是硯柱眼圓朗，文光上澈，足為翰墨林中徵瑞應矣。匣蓋鐫御題詩，與硯同，隸書，鈐寶二，曰乾隆。細察此硯，長20.9cm，寬12.5cm，高9.2cm，譜中所記尺寸，為清代營造尺，一寸合3.2cm，譜中尺寸折算為釐米，與實物測量誤差在一毫米以內。硯面橫紋明顯，而蕉白青花不甚分明，與譜中所記處處吻合，應為同一物無疑。此硯首所鐫乾隆御題詩，見於《欽定四庫全書》集部《御制詩四集》，題名為《題宋端石七光硯》。

當今盛世，收藏之風興盛。凡收藏興盛之時，必多贗鼎，市場中所見諸器物乃至書畫亦不乏依譜仿製者，雖未必能盡似，亦可炫一時之眼目。然此硯之不可仿之處為硯面石品花紋與硯額之活眼及覆手內七枚眼柱。硯面花紋記載明

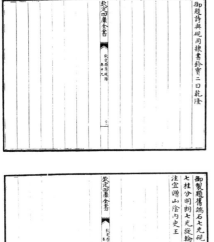

舊端石七光硯正面圖圖　增圖十分之六

舊端石七光硯背面圖圖

欽定四庫全書　欽定西清硯譜　卷十九

御製題舊端石七光硯

七柱分明朗七光旋輪九氣玉清祥設如內景黃庭

注宜贈山陰內史王

欽定四庫全書

舊端石七光硯上方側面圖

七柱分明朗
七光旋輪九
氣玉清祥設
如內景黃庭
注宜贈山
陰內史王
乾隆御題圖

舊端石七光硯說

硯高六寸五分寬三十九分厚二十九分末水
坑端石也橫理蕉白青花隱隱溫潤如玉硯背
正中有鴝鵒眼一圓暈明朗覆手七柱上各
有眼雲叟七藏云七光大問旋輪九氣上應七
清是硯柱眼圓潤丈光上激足為翰墨林中徵
瑞應叒畫葢焉

御題詩一首持書鈐賓一日德克存覆手七柱赤各

349

348

確：橫理，蕉白青花隱隱，與此硯相合。硯額石眼，文記為硯額正中，而圖中所繪，微偏右側，形為橢圓，此點亦與此硯相合。硯石天然，各各不同，目前之技術，亦無法以人工仿造，縱偶有機緣，得石與所記紋理相似，石眼位置形狀大小亦無法一處不差，且硯背覆手之中，眼柱七枚，長短位置，譜中圖繪清晰，此萬萬不可仿冒之處。此數處與譜無異，加之其餘如尺寸銘文諸項無一不合，則此硯為譜中所記真品無疑矣。惜硯匣不存，甚憾。

據譜中載，此硯賜予皇十一子，乾隆帝第十一子為成親王永瑆，號少廠，一號鏡泉，別號詒晉齋主人，為清代著名書法家，與翁方綱、劉墉、鐵保並稱。此硯賜出宮禁，終於散落民間，百年間寂寂無聞。而今皇室長物，重現西泠，為天下藏家所寶，於我輩是大幸事，於此硯亦屬幸事。

大定四庫全書　御製詩四集

天禧
題宋端石七光硯
七柱分明朗七光旋輪九氣玉清祥設如內景黃庭注
宜贈山陰內史王
王紱秋林亭子
石瓣流泉泌且淙林亭結構似曾逢無端憶得春巡處

共受釐中外一家逮蔥嶺大清萬載羣
可嘉也古時希有見今時舊藩新部益生敬設席承筐
欽誠為

欽定四庫全書

卷十九

石之屬

舊端石環螭風字硯

舊端石梅朶硯

石之屬

舊端石瑞芝硯

舊端石蟠桃硯

舊端石轆轤硯

舊端石雲雷編鐘硯 養性齋

欽定西清硯譜
目錄

舊端石天然壺盧硯 養和精舍

舊端石半蕉硯 賞皇六子

舊端石七光硯 賞皇十一子

舊端石飛黃硯 賞皇十五子

舊端石七星石渠硯 賞皇十七子

舊端石傲唐石渠硯 賞皇十七子

卷二十

石之屬

2144

清乾隆·御銘宋代端石七光硯

銘文：七柱分明朗七光，旋輪九氣玉清祥。設如內景黃庭注，宜贈山陰內史王。乾隆御題。

印文：德充符

著錄：《欽定四庫全書·西清硯譜》第十九卷，乾隆命撰，成書於乾隆四十七年。

銘文著錄：《欽定四庫全書·御製詩四集》。

說明：已知市場中著錄於《欽定四庫全書·西清硯譜》之孤品。

皇十一子成親王永瑆舊藏。

QIANLONG PERIOD, QING DYNASTY   A DUAN INKSTONE WITH IMPERIAL INSCRIPTION, COLLECTED BY YONG XING

Literature: 1. *Qin Ding Si Ku Quan Shu: Xi Qing Yan Pu*, Vol. 19, 1782

2. *Qin Ding Si Ku Quan Shu: Yu Zhi Shi Si Ji*

Note: This is an only existing inkstone that has been mentioned in the *Qin Ding Si Ku Quan Shu: Xi Qing Yan Pu*.

20.9 × 12.5 × 9.2cm

RMB: 3,500,000－6,000,000

銘者簡介：乾隆帝（1711～1799），名愛新覺羅·弘曆，清高宗，年號乾隆。雍正帝第四子。在位六十年。好學詩文，乾隆三十七年纂修《四庫全書》，並命撰《會典》《一統志》及各省通志等，文德武功為清代諸帝之最。嗜書畫，縱情翰墨，囊括歷代法書名畫入藏內府，先後命侍臣編纂《石渠寶笈》《秘殿珠林》等。喜在古畫上題詩句，書法趙孟頫，圓潤秀麗，兼擅山水、花卉，偶寫佛像。

七柱分明朗
七光旋輪九
氣玉清祥設
如內景黃庭
注宜贈山陰
內史王
乾隆御題

2145

清康熙・御銘夔龍紋隨形松花石硯

銘文：以靜為用，是以永年。鈐印：康熙　御銘

說明：松花石，色青碧，橫刷絲紋明顯，間有淡綠色條紋，青綠淡雅，石質溫
　　　潤細潔。硯作不規則形，盈盈一握，小巧可愛。硯面周起寬邊，上浮雕
　　　龍紋，龍身化為雲紋，隨形而起，紋樣雕工流暢生動。配紫檀硯盒，盒
　　　蓋嵌青金石，更顯尊貴。

**KANGXI PERIOD, QING DYNASTY　A SONGHUA INKSTONE
WITH IMPERIAL INSCRIPTION AND A ZITAN CASE**

12.4 × 7.9 × 1.6cm

RMB: 280,000—350,000

銘者簡介：康熙帝（1654～1722），名愛新覺羅・玄燁，清聖祖，年號康熙。
　　　　　世祖第三子。1661～1722 在位，是歷史上在位時間最長的皇帝。
　　　　　八歲即位。親政後，智捕鰲拜，永停圈地，發展生產，加強皇權，
　　　　　平定三藩，平噶爾丹，驅逐沙俄，鞏固統一。精於儒學，對算學、
　　　　　水利、測量亦多造詣。設館纂修《明史》《古今圖書集成》《康熙
　　　　　字典》等。

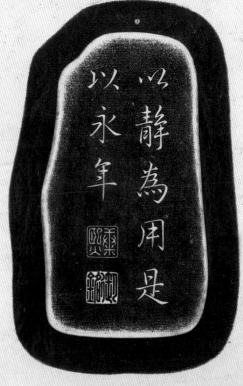

以靜為用是
以永年

2146

清乾隆·御銘仿宋天成風字硯

銘文：1. 仿宋天成風字硯。2. 春之德風，大塊噫氣。
從蟲諧聲，於凡制字。谷則為雨，潤物斯濟。
石墨相著，行若郵置。豈惟天成，亦有人事。
擬而議之，既純且粹。乾隆御銘。印文：含庶
會心不遠 德充符

說明：硯為舊坑歙石所作，仿宋天成風字硯式，色青
黑，滿布羅紋，質地堅實細潤，開偃月形墨池，
簡潔明快，造型質樸無華，渾厚凝重，頗富古韻。
配紅木硯盒。

QIANLONG PERIOD, QING DYNASTY AN
ARCHAISTIC INKSTONE WITH IMPERIAL
INSCRIPTION AND A MAHOGANY CASE

11.5 × 10.2 × 2.5cm
RMB: 70,000－90,000

仿宋天成風字硯

春之德風大塊噫氣從蟲
諧聲於凡制字谷則為雨
潤物斯濟石墨相著行若
郵置豈惟天成亦有人事
擬而議之既純且粹
乾隆御銘

2147

明·王穀祥銘葉形澄泥硯

銘文：溫而栗，堅而質，汝玉斯黑，翌爾翰墨，其永無斁。酉室居士王穀祥銘。

說明：硯整體作一片大葉之形，正面作淌池，上方雕小葉一片，生動自然。石色黃，細潤而易發墨，硯背有王穀祥篆書銘文。為文房之雅物。配紅木硯盒。

MING DYNASTY A LEAF-SHAPED CHENGNI INKSTONE AND A MAHOGANY CASE, INSCRIBED BY WANG GUXIANG

26.5 × 12 × 3.2cm

RMB: 50,000－80,000

銘者簡介：王穀祥（1501～1568），字祿之，號酉室，長洲（今江蘇蘇州）人。嘉靖八年（1529）進士，官吏部員外郎。善寫生，渲染有法度，意致獨到，即一枝一葉，亦有生色。為士林所重。

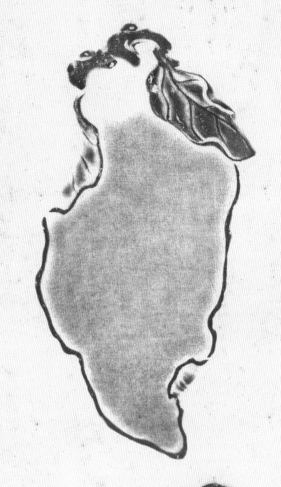

2148

清·翁同龢銘荷葉隨形端硯

硯盒銘文：如劍有匣，如琴有囊。用之則行，舍之則藏。松禪居士。

說明：硯隨形而作，雕成一張舒展的荷葉形，葉邊內卷，開淌池。硯背淺雕荷葉脈絡，清晰質樸，雕工自然。配翁同龢銘紅木硯盒。

QING DYNASTY A DUAN INKSTONE WITH LOTUS LEAF PATTERN INSCRIBED BY WENG TONGHE AND A MAHOGANY CASE, INSCRIBED BY WENG TONGHE

17.1 × 13.5 × 2cm

RMB: 40,000－60,000

銘者簡介：翁同龢（1830～1904），字叔平、聲甫、訒夫，號瓶庵、松禪、玉圃、瓶笙；江蘇常熟人。咸豐六年狀元。歷任戶部尚書、軍機大臣、協辦大學士。為同治、光緒兩代帝師，垂三十年。工詩文，擅畫山水、木石、雜畫。工書，稱同、光間書家第一，名聞于時。

2149

清 · 狷叟製雲紋隨形端硯

硯盒銘文：庚寅夏月狷叟製於端溪。

說明：端溪佳石，隨形作硯，淺開硯堂，雕祥雲紋，
流暢生動。石質細潔，硯堂處有大片蕉葉白，
並有火捺及青花點點，為難得之佳品。配狷
叟銘紅木硯盒。

QING DYNASTY A DUAN INKSTONE
WITH CLOUD PATTERN AND A
MAHOGANY CASE, MADE BY JUAN SOU

15.5 × 14.2 × 1.7cm
RMB: 50,000—70,000

2150

清·魯農銘竹節端硯

銘文：1. 碧竹。

2. 余舊寓滬上，宅前栽竹數莖。今得此硯，可慰相思。魯農。戊寅年記。

說明：硯體圓雕成竹節形，呈半剖狀，剖面下凹為硯堂，以竹節分割硯池。硯背浮雕小枝數枚，氣息典雅，製作精細，質地堅密細潤，下發墨極佳。為不可多得之書案佳品。配紅木硯盒。

QING DYNASTY A BAMOO-JOINT-SHAPED DUAN INKSTONE
AND A MAHOGANY CASE, INSCRIBED BY LU NONG

13.8 × 8.5 × 1.2cm

RMB: 10,000－20,000

2151

清·鈍叟銘周叔鼎文字雙面端硯

硯盒銘文：卡作寶鼎師享宗室子孫永用。周叔鼎文阮氏本，此物今在海寧
　　　陳氏。鈍叟藏。

說明：硯為老坑端石所製作，一面作平板式，硯面平整，色青紫，質地細
　　　膩潤澤，有大片天青及金線，為端硯中上佳石材。一面微隨形，中
　　　部開硯堂，環雕雲紋及鳳穿牡丹紋，雕工細膩。配鈍叟銘紅木硯盒。

QING DYNASTY A TWO-SIDE DUAN INKSTONE AND A
MAHOGANY CASE, INSCRIBED BY DUN SOU

19.1 × 13.5 × 1.7cm
RMB: 40,000－60,000

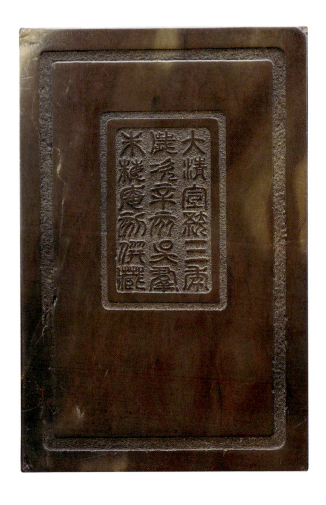

2152

清·萬壽紋太平有象端硯

銘文：大清宣統三年歲次辛亥吳群朱梅庵刻並藏。

出版：《古硯》第十卷，第四硯。昭和47年。

QING DYNASTY A DUAN INKSTONE WITH AUSPICIOUS
PATTERN

Illustrated: *Ancient Inkstone*, Vol. 10, no. 4, 1973

20.2 × 13.6 × 2cm

RMB: 15,000－20,000

藏家簡介：朱枬［清］，字梅庵，江蘇高郵人，道光庚子舉人，乙巳進士，戶
部主事。

2153

清·寶鼎池長方歙硯

銘文：復古殿。印文：御書之寶

出版：《古硯》第十五卷，第十四硯，昭和 47 年。

說明：硯為歙石，長方，開鼎形硯池，邊琢為沙地，整體簡潔素雅，古樸大氣。
石色青灰，質地細膩潤澤，叩如金聲，為歙硯上佳石材。

QING DYNASTY A RECTANGULAR SHE INKSTONE

Illustrated: *Ancient Inkstone*, Vol. 15, no. 3, 1973

23.9 × 15.5 × 3.2cm

RMB: 15,000－25,000

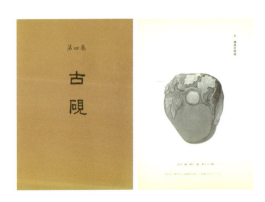

2154

清·俏色瓜果紋隨形端硯

出版：《古硯》第四卷，第三硯，昭和 4 年。

說明：此硯隨形而成，石質堅潤細膩，色紫而微泛紅，呵氣成暈。硯堂作瓜形，硯額處俏色雕成瓜葉裝飾，雕工樸拙雅致，造型生動逼真。配紅木硯盒。

QING DYNASTY A DUAN INKSTONE WITH FRUIT PATTERN AND A MAHOGANY CASE

Illustrated: *Ancient Inkstone*, Vol. 4, no. 3, February, 1929

19.1 × 16.3 × 4.9cm

RMB: 15,000－25,000

2155

清·雙花卜春八棱歙硯

出版：《古硯》第廿一卷，第二十六硯，昭和 48 年。

說明：硯為舊坑歙石，八棱式，規整厚重，線條勁健，有挺拔之氣。
開雙硯堂，雙蝶形硯池，雙硯堂之間有一字深池。色青綠，
質地細潤，包漿古厚，為難得之佳品。配紅木硯盒。

QING DYNASTY A SHE INKSTONE WITH FLORAL
PATTERN AND A MAHOGANY CASE

Illustrated: *Ancient Inkstone*, Vol. 21, no. 26, 1974

18.5 × 18.5 × 2.9cm

RMB: 8,000－12,000

2156

清·隨形仔石端硯

銘文：1. 淹留數日下歸期，渺渺關山行客時。萬種離愁深似海，
家愁直訴與君知。默默難神書意口，西窗詰雨共陶然。然
之朋蓽成知己，文字天涯契夙緣。己亥菊秋，峯川字散筆，
重麗臺下。

說明：硯隨形，為端溪子石所作，略加雕琢，成山石形，古樸自
然，包漿厚重，石色紅紫，質地堅實細潤，鋒芒內蘊，下
發墨極佳。

QING DYNASTY A DUAN INKSTONE

17.5×14.2×5.9cm

RMB: 25,000—35,000

2157

明·白陽山人款荷塘清趣石硯

銘文：白陽山人畫研。

說明：配整挖紅木硯盒。

MING DYNASTY AN INKSTONE WITH LOTUS PATTERN
AND 'BAIYANG SHANREN' MARK AND A MAHOGANY
CASE

12.4 × 8.2 × 3.8cm

RMB: 20,000－30,000

2158
清·疊山銘 "靈沼" 瓦當硯
銘文：入唐石山得漢瓦作研，橋亭卜易
　　　時用之。疊山。
說明：配紅木硯蓋，上以鎏銀書 "靈沼"，
　　　當為硯名。帶舊松木盒。

QING DYNASTY　A TILE
INKSTONE WITH 'LING ZHAO'
MARK AND A PINEWOOD
CASE, INSCRIBED BY DIE
SHAN
徑 17.2 × 2.2cm
RMB: 20,000－30,000

2159

清·隨形仔石端硯

銘文：有此樂。（文略）

說明：此硯系端州佳石，隨形，圓渾飽滿，頗得天然
之趣。可謂"中生靈石天然相，絕去人間斧鑿痕"。
其色灰紫，質地堅實細膩。硯面微凹，開池如
岩穴。硯額刻甲骨文銘文，配紅木硯盒。

QING DYNASTY A DUAN INKSTONE AND
A MAHOGANY CASE

16.8×15×2.2cm
RMB: 20,000－30,000

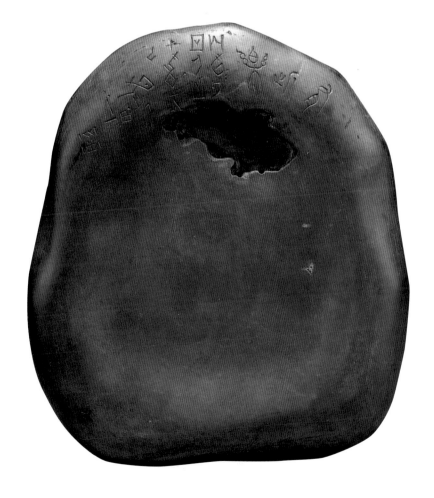

2160

清·陳炳銘瓦形澄泥硯

硯盒銘文：右軍池畔搖龍尾，坡老銘中串鳳珠。陽山陳炳。印文：陳炳之印 虎文

銘文：1. 研朱則赤，染墨斯黑。逐物渝真，遂改其色。君子秉心，眷懷修德。
　　　2. 劍化龍飛。

說明：配陳炳銘紅木硯盒。

QING DYNASTY A TILE-SHAPED CHENGNI INKSTONE AND A
MAHOGANY CASE, INSCRIBED BY CHEN BING

19.2 × 12.2 × 4cm

RMB: 60,000－80,000

銘者簡介：陳炳［清康熙］，字虎文，江蘇長洲人。少工詩，有"松頂紅裙拖綠上，
　　　　　山腰白鳥破青飛"之句，由是知名。著有《陽山集》十卷，《四庫總目》
　　　　　傳於世。

司寇沱畔搖龍
氏城者銘史事
寳珠

陽山陳炳

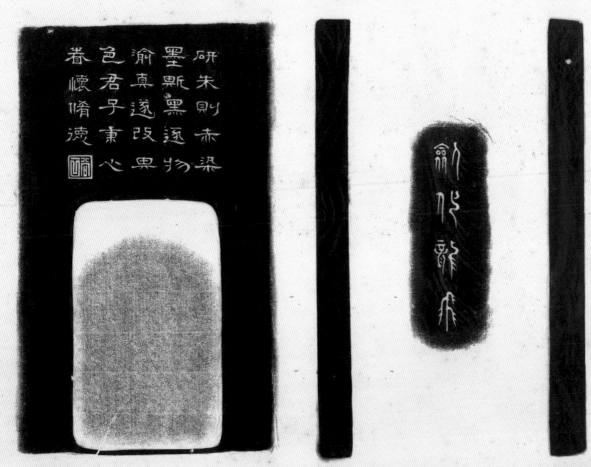

研朱則赤梁
墨斯黛逐物
渝真遂改異
色君子秉心
眷懷脩德

2161

清·阮沅銘雲紋圓形端硯

銘文：1. 色映紫霞，形櫪碧月。聚墨微凹，古香不歇。

2. 此研魚腦、青花、火烙、水蛀諸美悉備，洵大西洞之上品也，因為之銘。真州阮沅識於黔中節署。

說明：配紅木天地蓋。

QING DYNASTY A CIRCULAR DUAN INKSTONE WITH CLOUD PATTERN AND A MAHOGANY CASE, INSCRIBED BY RUAN YUAN

直徑 17.8cm 厚 3cm

RMB: 30,000－50,000

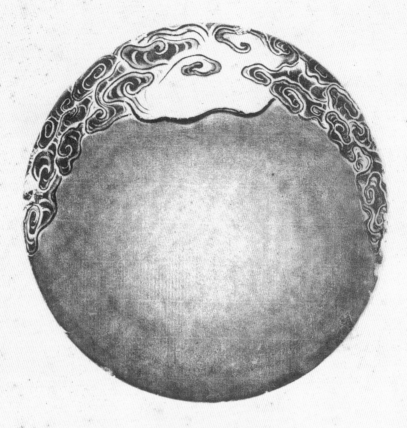

2162

清·景日昣銘長方淌池端硯

銘文：一片花蕉出世塵，匣中依舊水雲深。文章自古為知己，磨涅須當不異心。
景日昣。印文：家珍

說明：配紅木硯盒。

QING DYNASTY A RECTANGULAR DUAN INKSTONE AND A
MAHOGANY CASE, INSCRIBED BY JING RIZHEN

27.8 × 18.8 × 4cm

RMB: 30,000－40,000

銘者簡介：景日昣（1661 ～ 1733）字冬暘，號嵩崖，河南登封人，少習儒，
因母病亦精研岐黃，並以醫易同源，亦參易理。撰有《嵩崖尊生書》
十五卷。康熙三十年進士，官至禮部侍郎，加尚書銜。

一点花蕊出世尊
匣中依蘸水雲涼
又峯自古花如己
磨湮須當不東心

崇日聆

2163

清·松岩銘長方平板端硯

銘文：1. 光緒十年時在甲申夏五月，作硯瓦口萬年，子子孫孫，永寶用之。竹軒大人指正，松岩刻。印文：松岩 月白風清

2. 其潤如玉，其式如磚，亦平亦正，無欹無偏。作琴書伴，結文字緣。松岩篆。

3. 石之堅，磨可穿。無惡歲，即良田。魚入夢，兆豐年。甲申五月，松岩。

4. 一枝春信。松岩。

5. 相逢一笑渾無語，世上原來少直人。松岩作。

說明：硯為平板式，形制方正，線條挺拔，石色紫中帶赤，硯堂可見馬尾火捺，質地溫潤細膩，撫之如嬰兒之肌，為端石中佳品，配紫檀木天地蓋。

QING DYNASTY A RECTANGULAR DUAN INKSTONE AND A ZITAN CASE, INSCRIBED BY SONG YAN

21.5 × 13.8 × 5cm

RMB: 50,000－70,000

乾隆春日
精寄
松岩臨

皇皇東魯霸可豎石
室北人田即室石麻之
甲甲立
松岩五
岩月

維綱大斧出廾命申車
尔入之磯瓦凶尖尖夫
廣亦冠尔之

竹軒大兄大人指正 松岩刻

傾間失意隨隨可主墨則
圖之恩愛之悲墨恩則
之施之作墨哲哲圖之

2164

清·唐英款竹節形端硯

銘文：1. 墨瀋貞痕，湘雲毓潤。蝸寄。印文：蝸寄　唐英珍賞

　　　2. 虛其心以受益，勁其節而難瀋。庶燦爛之筆花，頻生江枕。

　　　3. 乾隆辛酉年仲春月下浣，商山逸叟蝸寄唐英珍賞。少山珍藏。

說明：硯體圓雕成竹節形，呈半剖狀，剖面下凹為硯堂，作淌池。此硯質
　　　地堅密細潤，下發墨極佳。氣息典雅，為不可多得之書文房佳品。
　　　配紅木硯盒。

QING DYNASTY A BAMBOO-JOINT-SHAPED DUAN
INKSTONE AND A MAHOGANY CASE, INSCRIBED BY
TANG YING

15.6 × 11 × 2.3cm

RMB: 40,000－60,000

款者簡介：唐英（1682～1756年），號俊公氏、雋公、叔子、蝸寄、蝸
寄老人等，瀋陽人，清代制瓷家、書畫家，篆刻家，劇作家，
雍正乾隆朝著名督陶官。

2165

民國‧錢化佛銘羅漢圖端硯

銘文：丙辰春三月下澣，錢化佛繪於滬上。鈐印：玉齋

說明：此硯為端石製，近橢圓，正面開淌池，邊飾回文，硯池內雕守宮一隻，
雕工規整寫實，硯背有陰刻民國名家錢化佛繪羅漢圖。硯堂正中為整
塊天青為端石中極為難得之品。配紅木硯盒。

REPUBLIC OF CHINA A DUAN INKSTONE WITH ARHAT
PATTERN AND A MAHOGANY CASE, INSCRIBED BY QIAN
HUAFO

19.9 × 13.4 × 2.3cm

RMB: 220,000－250,000

銘者簡介：錢化佛（1884～1964），字玉齋，室名萬佛樓，江蘇常州人。擅丹青，
後專繪佛像，馳譽海內，然頗自矜重，不輕下筆。為海派名家之一。

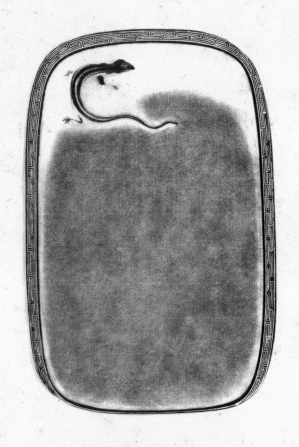

2166

清·陳奕禧銘"雲泉"端硯

銘文：雲泉。觸石雲起，活水泉來。蛟龍變化，靈氣胚胎。壬午五月望日，
奕禧銘於羊城書院。鈐印：陳奕禧印　香泉

說明：硯隨形而作，硯體碩大，飽滿厚重，硯上端及邊精刻雲紋，刀
法圓轉流暢，硯額處有石眼數顆，借為雲中繁星點點，開淺堂，
石質細膩，配紅木嵌白玉硯盒。

QING DYNASTY A DUAN INKSTONE WITH 'YUN
QUAN' MARK AND A WHITE JADE INLAID MAHOGANY
CASE, INSCRIBED BY CHEN YIXI

38×30×3.7cm

RMB: 280,000－350,000

銘者簡介：陳奕禧（1648～1709），字六謙，一字子文，號香泉、葑叟、
玉山居士，室名卞璧樓，浙江海寧人。陳元龍族兄。王士
禎門生。歲貢生。官貴州石阡知府，康熙四十七年改江西
南安知府。尤工書法、詩詞，以書法名天下。藏金石甚富。

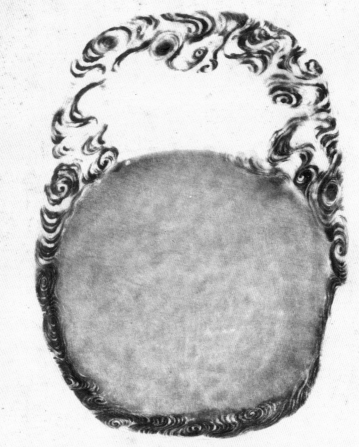

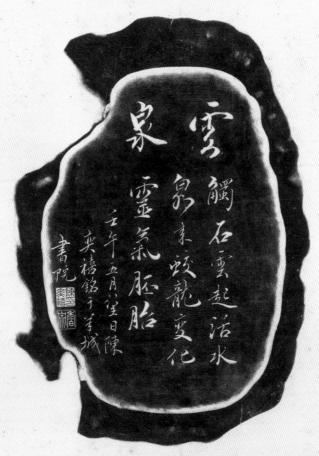

雲觸石雲起沿水
象象未蚊龍變化
泉靈氣胚胎

壬午五月望日陳
奕禧銘于筆城

書院學禧京

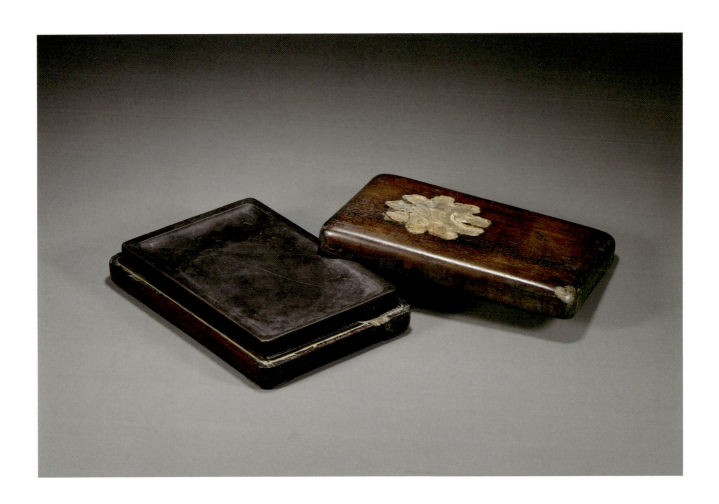

2167

清·信安銘長方淌池端硯

銘文：露天磨劍割紫雲，紗帷畫暖墨花春。乾隆庚辰，信安署製。

說明：硯為端石所製，作長方淌池式，形製規整，線條挺拔流利，深淺適度，
石色灰紫，石質純淨，鋒芒內蘊，下墨如風，為文房實用佳品。配
紅木硯盒。

QING DYNASTY A RECTANGULAR DUAN INKSTONE AND
A MAHOGANY CASE, INSCRIBED BY XIN AN

17.5 × 12 × 2.4cm
RMB: 20,000－30,000

2168

清 · 太行山樵銘長方淌池端硯

銘文：端溪之精兮出巍峨，千琢萬磨兮珍如瑳，羅列三五兮不厭多。
隨吾千里兮負山河，歌詩未成兮奈若何，愧我少讀兮自蹉跎。
太行山樵浮仲子書並識。

說明：硯為端石所作，長方開淌池，線條質樸，包漿厚重。石呈暗
紫色，質細而純，叩如木聲，整體方正大氣，為端硯實用佳品。

QING DYNASTY A RECTANGULAR DUAN
INKSTONE INSCRIBED BY TAI HANG SHAN QIAO

22.1 × 17.4 × 3.4cm

RMB: 30,000－40,000

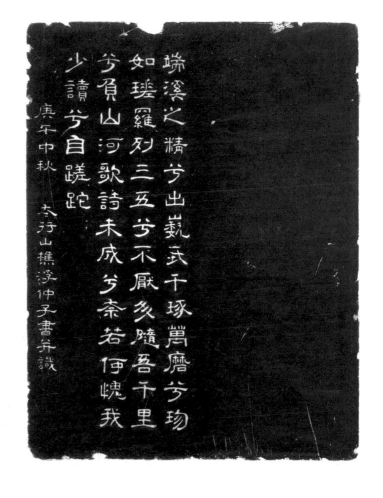

2169

清·嶺泉老人銘梅紋端硯

硯盒銘文：授汝硯田無半畝，萬鐘嘉穀出其中。倘能磨鍊勤耕種，自與
農邨樂歲同。授明遠孫珍玩。乙酉孟秋，嶺泉老人題。

說明：硯以端溪佳石所製，作長方平板式，右上角淺雕梅花，硯背亦淺
雕老梅一枝，俏麗有致，有疏影橫斜水清淺，暗香浮動月黃昏之
意境。配紅木硯盒。

QING DYNASTY A DUAN INKSTONE WITH PRUNUS
PATTERN AND A MAHOGANY CASE, INSCRIBED BY
LINGQUAN LAOREN

14.3 × 10.1 × 1.6cm

RMB: 20,000—30,000

2170

清 · 張元濟銘竹節形端硯

盒蓋銘文：紫氣來靈璞，開採自淇園。鄂曲登之，鳳披鸞台。戊辰秋日，餐菊生銘。
　　　鈐印：菊生。

說明：端石隨形作竹節硯，形制飽滿自然，簡潔文雅，生動傳神。石色灰紫，細潤有鋒，
　　　藏用俱佳。配紅木硯盒。

QING DYNASTY A BAMBOO-JOINT-SHAPED DUAN INKSTONE
AND A MAHOGANY CASE, INSCRIBED BY ZHANG YUANJI

13.5×7.6×2.6cm

RMB: 18,000－25,000

銘者簡介：張元濟（1867～1959），字菊生，號小齋，浙江海鹽人。工書法，光緒
　　　十八年進士。官刑部主事，總理各國事務衙門章京。民國曾任南洋公學
　　　譯書院院長。建國後選為全國人大代表。

2171

清·友硯山房款松蝠紋隨形端硯

銘文：友硯山房。

說明：硯為端石，隨形雕作松段形，用刀深峻，雕工樸拙生辣，生動表現了老松的斑駁滄桑。硯堂寬闊，硯池深凹，池內高浮雕蝙蝠一對，姿態生動。石色紫，純而細，隱約可見點點青花。

QING DYNASTY A DUAN INKSTONE WITH PINE AND BAT PATTERN AND 'YOU YAN SHAN FANG' MARK

16.9×10×3.2cm

RMB: 15,000—25,000

2172

清·劉元弼銘隨形洮河硯

銘文：君子之貞，幽人之守。遊刃有餘，龍蛇其走。壬申仲冬上浣伯良氏書。

說明：洮河石硯為四大名硯之一，產於甘肅洮河之濱，傳世舊硯中洮河石硯極少。
　　　此硯為洮河石，鴨頭綠，具黑色紋理，隨形略加雕琢，開淌池，石質細潤發
　　　墨，色彩瑩潤可愛，古樸自然。配伯良氏銘木盒。

QING DYNASTY A TAOHE INKSTONE INSCRIBED BY LIU
YUANBI AND A WOOD CASE

21.5 × 12.5 × 2cm

RMB: 12,000－20,000

銘者簡介：劉元弼 (1858～1910)，字君房，號伯良。光緒進士，官至四川按察使。
　　　　　書法宗歐、董，在京師即有書名，及官滇、蜀，書益遒勁，頗為時人所重。

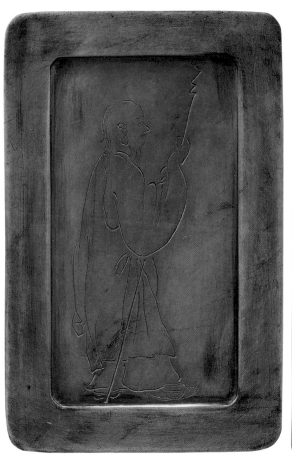

2173

清·劉喜海藏人物圖綠端硯

鑒藏印：嘉蔭簃藏

說明：端石多紫，綠端石為端中異品，以色淺質潤為上。
　　　此硯為綠端石制，作長方淌池式，邊飾海水紋，線
　　　條清淺，雕工古樸，石色綠中帶黃，質細而潔淨，
　　　為文房中實用佳器。配紅木天地蓋。

QING DYNASTY A GREEN DUAN INKSTONE
WITH FIGURE PATTERN AND A MAHOGANY
CASE, COLLECTED BY LIU XIHAI

15.5 × 10.1 × 2.7cm

RMB: 20,000－30,000

藏家簡介：劉喜海（1793～1852），字吉甫，號燕庭，山
　　　　　東諸城人。為劉統勳曾孫，劉塘侄孫。室名嘉
　　　　　蔭簃、味經書屋等。為清咸著名金石學家、古
　　　　　泉學家、藏書家。著有《嘉蔭簃論泉絕句》《古
　　　　　泉匯考》《嘉蔭簃金石碑目》等。

2174

清·冒圭端硯

銘文：1. 冒圭硯。下琮象。2. 崇
　　效天而卑法地，冒天下之
　　道以張四維，殆女媧煉剩
　　之五色而覢與輔又何鰲足
　　之是資。鑑庭銘蔄吉書。

說明：配紅木硯盒。

QING DYNASTY A
DUAN INKSTONE AND A
MAHOGANY CASE

13.3 × 12.3 × 1.9cm

RMB: 20,000—30,000

2175

清·沈樹鏞、張辛銘、徐同柏藏萬歲不敗漢磚硯

銘文：1. 漢磚。
　　　2. 神蛟伏蟄隱山崗，霹靂驚雪白毫光。琢硯劂成隃麋香。漢金石，晉文章，萬歲不敗
　　　　 壽而康。道光甲午六月九日請籀莊先生教正。海鹽張辛有奉。印文：張 受之
　　　3. 萬歲不敗，韻存體完。鑿之為硯，復可永年。均初於漢石經室。印文：沈

說明：以磚制硯者高古淳樸，極具玩賞價值，案上置一上好漢磚硯，古色古香無與倫比。此
　　　硯以漢磚為材，體型碩大，正面開淌池，硯臺上方有隸書漢磚二字。硯左側有原磚文
　　　萬歲不敗四字。此硯包漿古樸自然，具有濃厚的金石氣韻。配紅木天地蓋。

QING DYNASTY A BRICK INKSTONE AND A MAHOGANY CASE,
COLLECTED BY SHEN SHUYONG, ZHANG XINMING AND XU TONGBAI

35.4×17.5×5.3cm
RMB: 50,000－70,000

銘者簡介：1. 沈樹鏞（1832～1873），字均初，一字韻初，號鄭齋、養花館、漢石經室等，
　　　　　 江蘇南匯人。咸豐九年與趙之謙同中舉人，官內閣中書。精鑒別，收藏金石書
　　　　　 畫甚富。工書法，有金石書卷之氣。
　　　　 2. 張辛（1811～1848），字受之，浙江嘉興布衣。廷濟侄。愛金石之學，精摹泐
　　　　　 上石，時作篆刻牙石印，古勁有韻。
藏家簡介：徐同柏（1775～1854），原名大椿，字籀莊，號篲臧，浙江嘉興貢生。承舅氏張
　　　　　 廷濟指授，精研六書篆籀，多識古文奇字。廷濟得古器必偕與考證。著有從古堂
　　　　　 款識學。工篆刻，廷濟所用印多出其手。能詩，有從古堂吟稿。

漢瓴

2176

民國・野衲氏銘長方平板祁陽石硯

銘文：1. 一塊天真

　　　2. 民國紀元，程君松山遊沐得此石於土人，云新自祁陽采出，試之中材也，贈吾寫經。老學後庵野衲氏題識。

說明：配紅木天地蓋。銘文中所言之程松山（1880～1944），號雪門，又名程立，安徽省黟縣城中淮渠（橫溝弦）人。中國革命同盟會會員。曾在北洋大學、日本法政大學讀書。回國後，先後任河北省慶雲縣、湖北省黃安縣知縣、陝西省員警廳廳長、河南省六河溝礦區警察局局長、山東省膠濟鐵路管理局員警署長、北京內城員警右一區署長，曾獲北洋政府五等金質單鶴章、六等嘉禾章獎勵。

REPUBLIC OF CHINA A RECTANGULAR INKSTONE AND A MAHOGANY CASE, INSCRIBED BY YE NA SHI

22.5 × 14.4 × 4.7cm

RMB: 20,000－30,000

2177

清‧翁方綱款長方平板端硯

銘文：1. 端溪舊坑石，色紫如新嫩肝，細潤如玉，有綠色紋，識者於此辨真贋焉。
　　　　適有士子抱此以求售，得之。翁方綱。
　　　2. 耕此方寸，體小用大。朝耕夕耨，是為大年。

出版：《古硯》第十八卷，第三硯，昭和四十七年。

QING DYNASTY A RECTANGULAR DUAN INKSTONE WITH
'WENG FANGGANG' MARK

Illustrated: *Ancient Inkstone*, Vol. 18, no. 3, 1972

25.7 × 16 × 4.7cm

RMB: 60,000－80,000

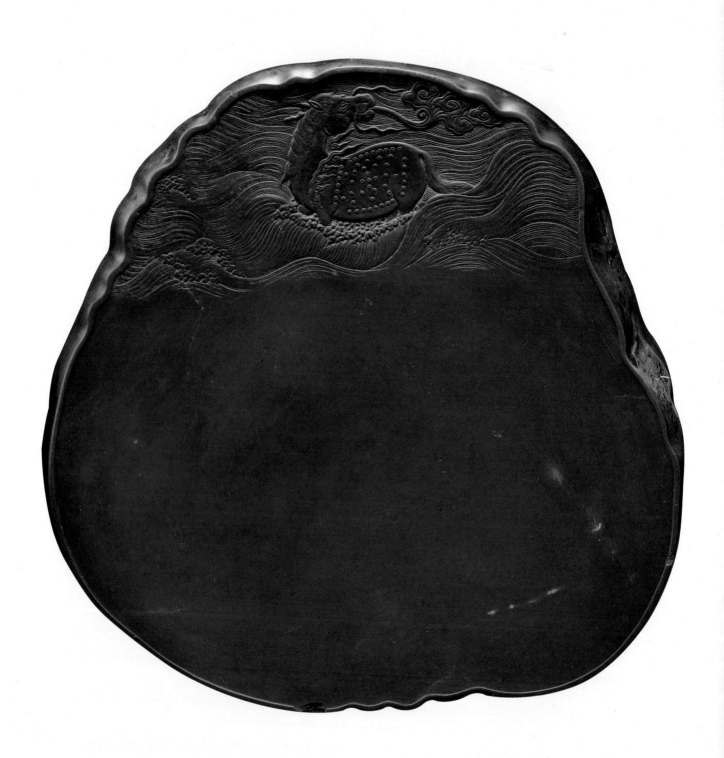

如萍之浮如漆之密精華所聚天
青其質辟逾雙琥價重萬鎰
此大西水坑中層石天青鷿毛
縅青花內多青花結洛書方
有鶖縅串硯工指為雨淋牆浮
動細宻硯之無上上品也
友端山館主人藏

二硯舊為肇城羅姓所藏後歸
楚南劉小蘭觀察閒愛之如寶
近入市估之手覓售與富哲醛
太守囑市估請予鑒別路經西
湖街被漱玉齋梁現梐載而得
之為奇貨可居售予計四倍其
值矣越七年丁丑夏銘此弁識
計價銀肆百兩正

2178

清晚期・友端山館主人藏大西洞端硯二方

盒蓋內題簽：1. 如萍之浮，如藻之密。精華所聚，天青其質。璧逾雙琥，價重萬鎰。此大西水坑中層石，
天青鵝毛絨青花，內多青花結。洛書一方，有鵝絨串，硯工指為雨淋牆，浮動細密，
硯之無上品也。友端山館主人藏。印文：友端山館 吉祥雲護。

2. 二硯舊為肇城羅姓所藏，後歸楚南劉小蘭觀察，聞愛之如寶。近入市佑之手，覓售
與冒哲齋太守，囑市佑請予鑒別，路經西湖街，被漱玉齋梁硯棍截而得之，為奇貨
可居，售予計四倍其值矣。越七年丁丑（1877年）夏銘此並識。計價銀四百兩正。
印文：友端山館

說明：配紫檀木整挖硯盒、帶舊包裝。冒哲齋即冒澄，生卒不詳，有記載同治十年（1871年），其
任鹽運使時，潮州曾有洪災。可知題識中之丁丑年，應為1877年，購此硯時應為1870年，
即同治九年。

LATE QING DYNASTY TWO DUAN INKSTONES AND A ZITAN CASE,
COLLECTED BY THE MASTER OF YOUDUAN SHANGUAN

20×20×2.9cm   18×16×3.5cm
RMB: 380,000－500,000

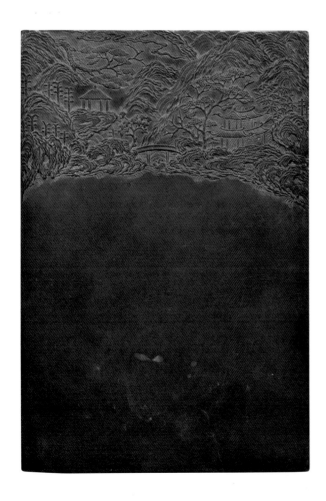

2179

清·山水花鳥紋老坑平板端硯

說明：硯為老坑端石，雙面，淺雕老梅一枝，與山水紋，雕工文秀。石色青紫，
　　　質地細潔溫潤，硯堂有大片天青，並有青花，火捺等石品。配紅木硯盒。

QING DYNASTY A DUAN INKSTONE WITH LANDSCAPE,
BIRD AND FLORAL PATTERN AND A MAHOGANY CASE

18.6 × 12.5 × 2cm

RMB: 60,000—80,000

2180

清初·徐釚銘砣磯石硯

銘文：寒渚星澄。壬子花朝楓江漁父徐釚制。

說明：砣磯石出山東，色黑如漆，有銀星夾水波紋，又
稱"雪浪銀星硯"。此硯即以砣磯石制，雙面略起
框線，硯堂光滑平整，面背俱有水波紋夾銀星點
點，中間一道銀河，正背貫穿，詞人徐釚名之為"寒
渚星澄"，可謂貼切，極具想像力。壬子（年）即
1672年。

**EARLY QING DYNASTY A TUOJI
INKSTONE, INSCRIBED BY XU QIU**

14.9 × 10.5 × 2.1cm

RMB: 30,000—40,000

銘者簡介：徐釚（1636～1708），字電發，號虹亭、鞠莊、
拙存，晚號楓江漁父，吳江（今屬江蘇蘇州）人。
清代詞人、文學家、藏書家。著有《詞苑叢談》
《楓江漁父圖詠》《本事詩》《菊莊詞譜》《菊
莊樂府》《南州草堂集》等。

2181

清·邱啟壽藏大西洞平板端硯

鈐印：西洞神品，啟壽珍藏。

說明：端溪老坑上品，硯作長方平板式，色青紫，線條工整典雅。
細膩純潔，呵氣生雲，觸手成霧，具天青、青花等石品。配
紅木嵌玉硯盒。

QING DYNASTY A FLAT DUAN INKSTONE AND A
JADE-INLAID MAHOGANY CASE, COLLECTED BY
QIU QISHOU

23×15×2.2cm

RMB: 50,000－80,000

藏家簡介：邱啟壽［清］，人名典籍不傳。《兩廣總督部堂兼署廣東
巡撫部院張為開採硯石以備貢品事碑》有"除劄委通判
啟壽前往肇慶，會同府縣查照……"之記載，知為通判，
屬省級官員。另有廣東省博物館藏道光十七年版《端溪
硯史》的扉頁上，鈐有'研務官'朱文長方印、'邱啟壽
庚寅年親到水岩採石制研'朱文長方印，知其為當時之
硯務官。

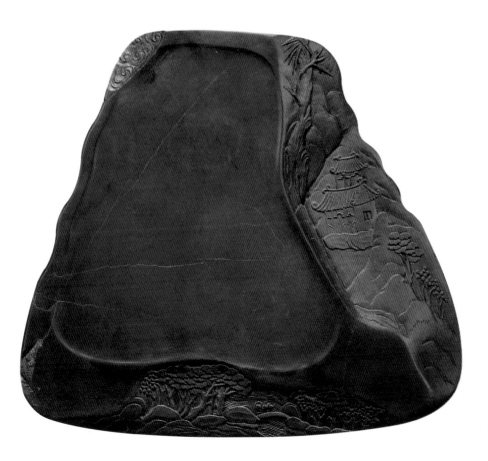

2182

清·大西洞山水紋風字硯

說明：端硯諸坑，以老坑大西洞石為最佳，質細而潤，片石足珍，大料尤為難得。宋高宗曾有語曰："瑞璞出下岩，色紫如豬肝，密理堅致，渚水發墨，呵之即澤，研試則如磨玉而無聲，此上品也。"此硯隨形做如風字，質地細潤動人，色青紫，誠如一段紫玉，為大西洞中極為難得之品。配紅木硯盒。

QING DYNASTY AN INKSTONE
WITH LANDSCAPE PATTERN
AND A MAHOGANY CASE

18.8 × 16.9 × 1.7cm
RMB: 30,000－40,000

2183

松鶴紋老坑端硯

說明：此硯隨形，質地潤澤，呵氣成暈，淺開硯堂。硯堂有冰紋交錯。
　　　硯背淺雕松鶴祥雲，蒼茫簡淡，氣韻生動。配紅木硯盒。

A DUAN INKSTONE WITH PINE AND CRANE PATTERN
AND A MAHOGANY CASE

17.2 × 12.6 × 1.8 cm

RMB: 20,000—30,000

2184

清·德清銘雲紋隨形端硯

銘文：不碌碌，豈落落，無以盈，烏焉碣。德清銘。

說明：硯為端溪佳石所制，隨形，微開硯池，環以淺雕雲紋。石色紫，純
淨無瑕。宋高宗有語雲："端璞出下岩，色紫如豬肝，密理堅致，潴
水發墨，呵之即澤，研試則如磨玉而無聲，此上品也。中下品則皆
砂壤相雜，不惟肌理既粗，複燥而色赤。……，故所藏皆一段紫玉，
略無點綴。"此硯石質之純，可謂一段紫玉。配木盒。

QING DYNASTY A DUAN INKSTONE WITH CLOUD
PATTERN AND A WOOD CASE, INSCRIBED BY DE QING

18.6 × 12.5 × 3.1cm

RMB: 30,000—40,000

2185

清·滿月池隨形歙硯

說明：硯為歙石所製，隨形略加修飾，包漿厚潤，正面微凹
　　　為硯堂，開圓形硯池，古樸自然。石色青灰，堅實細膩，
　　　叩之金聲玉德，為歙石中上品。配漆盒。

QING DYNASTY　A SHE INKSTONE AND A
LACQUERED CASE

14.7 × 12.5 × 1.2cm
RMB: 9,000－12,000

2186

清·松紋老坑端硯

說明：松紋老坑端硯，長方圓角，朴拙清秀，質地堅潤，一片純淨，有大片
天青及青花。隨形淺雕松皮紋，層迭如鱗，得自然之趣。配紅木硯盒。

QING DYNASTY A DUAN INKSTONE WITH PINE PATTERN
AND A MAHOGANY CASE

20.8 × 14.2 × 2.5cm

RMB: 20,000－30,000

2187

山水紋隨形端硯

說明：配紅木硯盒。

A DUAN INKSTONE WITH LANDSCAPE PATTERN AND A
MAHOGANY CASE

22 × 13.5 × 2.1cm

RMB: 20,000—30,000

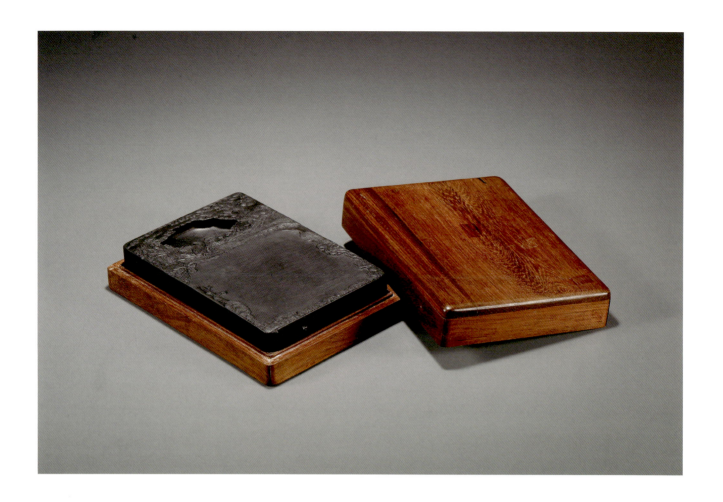

2188

清·福山壽海紋長方歙硯

說明：硯長方形，方正典雅。石色青灰，硯面浮雕古松仙鶴及梅花鹿、海上
　　　仙山等紋飾，寓意吉祥。質堅而細潤，硯堂滿佈羅紋，金聲玉德，洵
　　　為佳品。配紅木硯盒。

QING DYNASTY A RECTANGULAR SHE INKSTONE WITH
AUSPICIOUS PATTERN AND A MAHOGANY CASE

17.1 × 11.5 × 2.8cm

RMB: 15,000—30,000

2189

清 · 太平有象長方歙硯

說明：硯作長方形，線條挺拔，端正厚重。正面刻大瓶一尊，雙夔龍耳，寓意"太
　　　平有象"。以瓶身為硯堂，瓶口為墨池。石色青灰，質地堅實細密，滿布羅紋，
　　　為歙石中上品。配漆盒。

QING DYNASTY A RECTANGULAR SHE INKSTONE WITH
AUSPICIOUS PATTERN AND A LACQUERED CASE

19.4 × 12.2 × 2.5cm

RMB: 20,000 — 30,000

2190
清·隨形仔石花卉紋端硯
說明：硯隨形，為端溪子石所作，略加雕琢，成
　　　山石形，並雕花卉紋，雕工質樸，古拙自
　　　然，包漿厚重，石色紅紫，質地堅實細潤，
　　　鋒芒內蘊，下發墨極佳。

QING DYNASTY A DUAN INKSTONE
WITH FLORAL PATTERN
18.5 × 16.7 × 5.3cm
RMB: 40,000－60,000

2191

清·荷葉形端硯

說明：硯以端石隨形作荷葉形，飽滿圓潤，荷葉翻卷成
硯池，硯背雕層疊荷葉，造型生動，立意清雅。
石色紫，質地細膩潤澤，下發墨流利。原配楠木
硯盒。

QING DYNASTY A LOTUS-LEAF-SHAPED
DUAN INKSTONE AND A NANMU WOOD
CASE

24.5 × 21.3 × 4.2cm

RMB: 50,000－70,000

2192

清·隨形多眼端硯

說明：此硯為端溪佳石所製，硯堂有碩大佳眼一顆，另有小眼數顆，極為難得。硯隨形，淺開硯堂，圓潤飽滿，光素無紋飾，石色青紫，質地細潤純淨，滿布青花，為端石之上品。

QING DYNASTY A DUAN INKSTONE

24.5 × 19.2 × 4.3cm

RMB: 30,000—50,000

2193

清·隨形仔石端硯

說明：此硯以端溪子石隨形而作，圓厚飽滿，石質細膩溫
　　潤，帶金黃色石皮。硯堂處有火捺等石品，沉著渾厚。
　　配紅木硯盒。

QING DYNASTY　A DUAN INKSTONE AND A
MAHOGANY CASE

15.7 × 13.3 × 3.8cm

RMB: 40,000－60,000

2194

清·圭璧端硯

說明：硯作圭璧形，以圭為硯池，璧為硯堂，邊飾以夔龍紋及卷草紋，
　　　背雕作大葉包裹之形，借石眼為蜘蛛二隻，生動自然。石色青紫，
　　　質堅實，硯堂處有大片天青，細潤發墨。配嵌螺鈿紅木硯盒。

QING DYNASTY A DUAN INKSTONE WITH
AUSPICIOUS PATTERN AND A MOTHER-OF-PEARL
INLAID MAHOGANY CASE

15.7 × 11.7 × 2.5cm

RMB: 30,000－40,000

2195

清·圭璧端硯

說明：硯為端石所製，作圭璧形，淺開硯堂，飾蝠鹿紋及桐葉紋。桐葉及玉圭，典出桐葉封弟。硯堂平整，線條挺拔，石色灰紫，質地上乘，下發墨極佳，配紅木硯盒。

QING DYNASTY A DUAN INKSTONE AND A MAHOGANY CASE

21.3 × 13.8 × 2.4cm

RMB: 20,000—30,000

2196

清·仕女圖長方淌池端硯

說明：硯為端石制，長方，開淌池，簡潔素雅。石色灰紫，質地細膩潤澤，
為端溪佳石。硯背淺開覆手，內有陰刻仕女圖，刻工清麗。配紅木天
地蓋。

QING DYNASTY A RECTANGULAR DUAN INKSTONE WITH
COURT LADY PATTERN AND A MAHOGANY CASE

12.1 × 8.1 × 1.8cm

RMB: 18,000－25,000

2197

清・長方淌池端硯

說明：硯為端石制，長方淌池，式樣簡潔。清人吳蘭修曾言，硯以方正為貴，
渾樸為佳。此硯正是方正之品，簡潔明快，石質純而利，為文房之佳品。
配紅木天地蓋。

QING DYNASTY A RECTANGULAR DUAN INKSTONE AND A
MAHOGANY CASE

22.7×15×3.1cm

RMB: 20,000－30,000

2198

清・龍紋隨形端硯

說明：硯隨形，為端溪子石所製，硯側留皮，硯額處有石眼數顆，硯崗處浮雕龍紋，雕工流利。石色紫純淨細膩，下發墨極佳。配紅木硯盒。

QING DYNASTY A DUAN INKSTONE WITH DRAGON PATTERN AND A MAHOGANY CASE

0.7 × 15.1 × 2.5cm

RMB: 15,000－25,000

2199

清 · 松紋長方端硯

錦囊題字：□□先生硯。天字五十三品。乙未秋九月，湖雲老人題。

說明：硯為長方，大小適中。雕松紋，淺開硯堂，以老松之節疤為硯池，
雕工細緻。硯背淺雕松雀紋。石色紫，硯堂處細潤幼滑，可見黃龍紋，
胭脂暈火捺，玫瑰紫青花及天青等石品，石質極佳。配紅木硯盒及
舊布囊。

QING DYNASTY A RECTANGULAR DUAN INKSTONE AND
A MAHOGANY CASE

14.5×10.1×2.3cm

RMB: 40,000－60,000

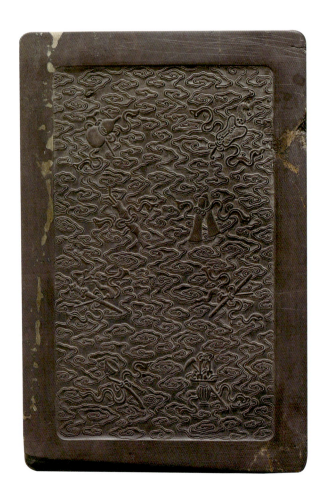

2200

清·暗八仙龍鳳紋端硯

說明：此硯呈長方形，石質細膩潤滑，嬌嫩欲滴，撫之如嬰兒肌膚，惹人憐愛。
正面留窄邊，上端浮雕作龍鳳紋，硯背刻暗八仙紋飾，雕工精湛，技
藝嫻熟。硯額雲團中有活眼三顆。配紅木硯盒。

QING DYNASTY A DUAN INKSTONE WITH AUSPICIOUS
PATTERN AND A MAHOGANY CASE

20.5 × 13.7 × 2.4cm

RMB: 20,000－30,000

2201

清 · 龍鳳紋長方端硯

說明：硯作長方形，形制規整，線條挺拔。開堂極淺，硯首處以流雲紋為底，
　　　淺雕龍鳳紋，雕工細膩傳神，流暢生動。硯色紫，純淨無瑕，石質細膩
　　　溫潤，撫之如嬰兒肌膚，有青花、火捺及天青等石品，為端石上品。配
　　　紅木硯盒。

QING DYNASTY A RECTANGULAR DUAN INKSTONE WITH
DRAGON AND PHOENIX PATTERN AND A MAHOGANY
CASE

22.3 × 14.8 × 2.4cm

RMB: 20,000－30,000

2202

明·辟雍端硯

硯蓋銘文：辟雍。中隆邱，紫外旋，池玄
　　　　為號，如月滿圓。
2. 松園叟銘並書。印文：松園 長年
說明：所謂辟雍硯，乃硯堂居中高起，而
　　　四周深挖硯池以儲水蘸墨。東漢蔡
　　　邕《明堂丹令論》書："取其四面環水，
　　　園如壁。後世遂名壁雍。"隋唐時期，
　　　工匠以此為據制辟雍硯。此硯為端
　　　石製辟雍式硯，圓形三足，形制規整，
　　　包漿厚重，質地堅潤，配松園叟銘
　　　木天蓋。

MING DYNASTY A DUAN
INKSTONE AND A WOOD CASE
徑 25.7 × 4cm
RMB: 30,000 — 40,000

2203

清·硯田歲豐端硯

說明：此硯作圓形，端正文雅，硯堂一片純
　　　淨，下發墨極佳。硯作二十四瓣，象
　　　徵二十四節氣，背面淺雕稻穀，一株
　　　雙穗，穀穗飽滿下垂，雕工文秀。古
　　　文人以硯為田，如此創意，極為巧妙。
　　　配紅木硯盒。

QING DYNASTY A DUAN
INKSTONE WITH RICE PATTERN
AND A MAHOGANY CASE

徑 12.3×3.1cm
RMB: 40,000－60,000

2204

清・玉蘭端硯

說明：玉蘭花，在古時寓意潔身自好、高貴典雅、光明磊落、正直清廉。以玉蘭花
為硯形，亦是對人生品性的寄語。這類題材一般為明清文人所好。整方硯宛
如一朵含苞待放的玉蘭花，花柄處還帶有萼片，形象逼真。

QING DYNASTY A MAGNOLIA-SHAPED DUAN INKSTONE

13×7.8×2.3cm

RMB: 15,000—25,000

2205

清・龍鳳紋白端硯

說明：白端石產於廣東七星岩風景區內，產量極少，傳世亦少，上品白端石
　　　價格不下老坑。此硯為白端所制，方正厚重，淺開硯堂，留細邊，石
　　　龍紋，開淌池，硯崗處浮雕鳳紋，硯背雕古青銅器及古玉。石白而潤，
　　　手感順滑。配紅木硯盒。

QING DYNASTY A WHITE DUAN INKSTONE WITH DRAGON
AND PHOENIX PATTERN AND A MAHOGANY CASE

15.8 × 10.5 × 2.3cm
RMB: 30,000－50,000

2206
清·粉彩山水紋瓷硯一對

QING DYNASTY A PAIR OF FAMILLE ROSE PORCELAIN
INKSTONES WITH LANDSCAPE PATTERN

$10 \times 7.7 \times 2.1 cm \times 2$
RMB: 30,000－50,000

2207

清 · 盧葵生製端硯

說明：硯為端石，隨形而作，雕成一張舒展的荷葉形，葉邊內卷，淺作硯堂。
　　　硯背莖葉脈絡清晰，雕工自然。原裝漆盒，盒蓋以碧玉、螺鈿等嵌成
　　　荷塘清趣圖，盒底朱漆鈐"葵生"款。

QING DYNASTY　A DUAN INKSTONE MADE BY LU
KUISHENG AND A LACQUERED CASE

15.5×10×1.7cm

RMB: 50,000－70,000

作者簡介：盧葵生（? ～ 1850），名棟，字葵生，江蘇揚州人。世代漆工，
　　　　　以漆砂製法名重一時。

2208

清・日月池瓦形紫砂硯

說明：瓦形紫砂硯，色赭黃，質細膩潔淨，形制古樸素雅。開日月池，硯額上有陽文篆書銘文，古樸稚拙。配木盒。

QING DYNASTY A TILE-SHAPED ZISHA INKSTONE AND A WOOD CASE

20.7 × 13.2 × 2.3cm

RMB: 30,000－50,000

2209

明·三足石渠歙硯

說明：硯為歙石所製，器形碩大，方正端莊，作石渠式，下承三足，線條圓
　　　勁挺拔，細節處理到位，石色青灰，質地堅實細膩，金聲玉德，為歙
　　　硯中佳品。配紅木硯盒。

MING DYNASTY A TRIPOD SHE INKSTONE AND A
MAHOGANY CASE

33×21.5×4.5cm
RMB: 50,000－70,000

2210

宋·洮河抄手硯

說明：洮河石硯為四大名硯之一，產於甘肅洮河之濱，傳世舊硯中洮河石硯極少。宋代著
　　　名詩人、大書法家黃庭堅賦詩："洮河綠石含風漪，能淬筆鋒利如錐。"足可見洮硯
　　　石石質之佳。此硯為洮河石所製，作箕形抄手式，石色呈灰綠，細膩發墨。硯體光素，
　　　開淌池，四側內斂，挺拔剛健，為宋硯中典型硯式。

SONG DYNASTY A TAOHE INKSTONE

18.5×9.9×2.6cm

RMB: 40,000－60,000

2211

宋·太史歙硯

說明：歙硯出龍尾山，質堅潤，為硯材中翹楚。宋代蔡襄曾有贊歙硯詩"玉質純蒼
理致精。鋒芒都盡墨無聲，相如聞道還持去，肯要秦人十五城"。此硯為歙
石所制，作太史式抄手，一字池。線條質樸混茫，大氣厚重。石色青灰，叩
如金聲，質地堅潤，包漿厚重，為歙硯中上等石材。配紅木硯盒。

SONG DYNASTY A TAISHI-STYLE SHE INKSTONE AND A
MAHOGANY CASE

26 × 15.9 × 8.9cm

RMB: 35,000－50,000

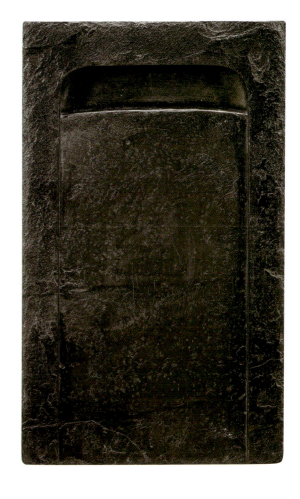

2212

明·龍紋鴝鵒眼抄手端硯

說明：硯作抄手式，淌池，硯池內雕龍紋，雕工質樸。硯堂內有佳眼一顆，圓正明麗，抄手內有眼柱數枚。石質堅潤細膩，包漿渾厚，藏用俱佳。配紅木硯盒。

MING DYNASTY A DUAN INKSTONE WITH DRAGON PATTERN AND A MAHOGANY CASE

19.9 × 12.2 × 5.2cm

RMB: 38,000－50,000

2213

明·蒼龍橫沼長方抄手端硯

銘文：宣德內府寶藏。蒼龍橫沼。

出版：《紙上端硯博物館》P507，廣東教
　　　育出版社。

說明：硯為端石，作長方抄手氏，紅紫色，
　　　質堅而柔，叩如木聲，硯池深廣，
　　　內雕龍紋，簡練生動。配桐木盒。

MING DYNASTY A
RECTANGULAR DUAN
INKSTONE AND A WOOD CASE

Illustrated: *Museum of Inkstones on
Paper*, p. 507, Guangdong
Educational Press

20.7 × 12.4 × 8.7cm

RMB: 120,000－160,000

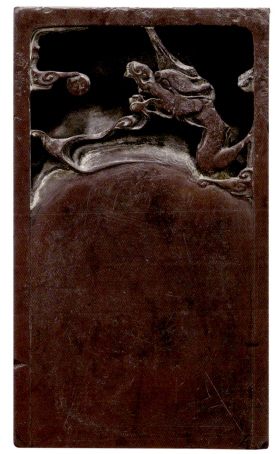

2214

宋 · 太史歙硯

說明：歙硯出古歙州，為四大名硯之一，久負盛名，蘇東坡評其"澀不留筆，滑不拒墨，瓜膚而縠理，金聲而玉德"；此硯為歙石所制，作太史式，淺開堂，一字池，留闊邊，線條挺拔剛健，厚重大氣。石色青灰，質地堅潤，包漿厚重，硯堂處可見眉紋，為歙硯中上等石材。

SONG DYNASTY A TAISHI-STYLE SHE INKSTONE

20.4 × 11.4 × 10.7cm

RMB: 120,000－150,000

2215

宋・沈周款雄鷹紋長方硯

銘文：神。宣和。沈周藏。

SONG DYNASTY A RECTANGULAR INKSTONE WITH EAGLE
PATTERN WITH 'SHEN ZHOU' MARK

28 × 17.5 × 4.5cm

RMB: 260,000－350,000

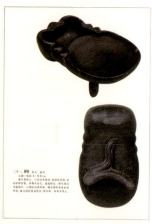

2216

明·蟬形歙硯

出版：《龜阜齋藏硯錄》p25，上海書店出版社，1992 年。

說明：蟬者，餐風飲露，登高而歌，古來文士以之為高潔之喻。文房之物多有似蟬形者。
此硯為歙石所制，色青灰，作蟬形。硯面四周起邊，硯堂寬廣，墨池大且深。
硯首著地，後部有兩足。整硯形體碩大，刀法洗練，線條圓暢，豪放灑脫，
包漿厚潤，為文房清賞之佳器。配紅木硯盒。

**MING DYNASTY A CICADA-SHAPED SHE INKSTONE AND A
MAHOGANY CASE**

Illustrated: *Inkstones Collected by Gui Fu Zhai*, p. 25, Shanghai Bookstore Publishing
House, 1992

25.8 × 15.4 × 6.8cm
RMB: 200,000－300,000

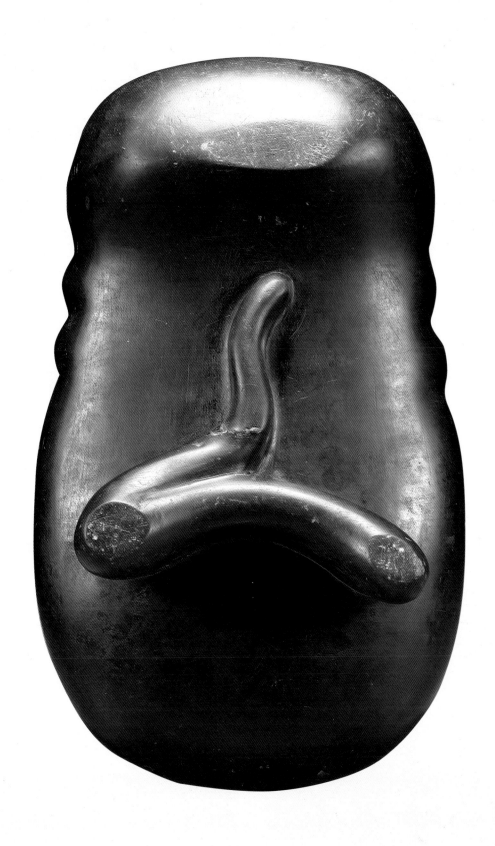

2217

明·風字眉紋三足歙硯

說明：歙硯石質堅韌潤密，撫之如肌，磨之有鋒，貯水不耗，曆寒不冰，呵
　　　氣可研，發墨如油，而且"益毫不損筆"，故深得文人喜愛。此件歙
　　　硯形體碩大，上斂下豐，如風字形，底承三足。淺開硯堂，硯池深凹。
　　　硯堂處有水波紋、眉紋數道。整硯莊重沉穩，造型素雅古樸，線條婉
　　　轉流暢。配紅木硯盒。

**MING DYNASTY A TRIPOD SHE INKSTONE AND A
MAHOGANY CASE**

26.1 × 17.7 × 3.3cm

RMB: 30,000—40,000

2218

宋・眉紋風字歙硯

說明：歙硯石質堅韌潤密，撫之如肌，磨之有鋒，貯水不耗，歷寒
不冰，呵氣可研，發墨如油，而且"益毫不損筆"，故深得
文人喜愛。此硯為歙石所製，呈"風"字形，兩翼留邊，硯
堂平整，上有眉紋數條。硯底近口處有兩圓柱足，整體規整
大氣。

SONG DYNASTY A SHE INKSTONE

33×25.4×5.1cm

RMB: 120,000－180,000

2219

明·蓬萊端硯

銘文：縹緲神山棲列仙，幻出一掬生雲煙，予以寶之萬斯年。蘇軾。

出版：《東京精華硯譜》第六十三卷 P20-21，第十八硯。

說明：端硯，長方形，方正厚重，淺開硯堂，作長方池。墨池處浮雕蓬萊仙閣，
硯身四周淺雕層層海浪，滿刻應龍、夔牛、贏魚等異獸，整體畫面誇
張有力。

**MING DYNASTY A DUAN INKSTONE WITH LANDSCAPE
PATTERN**

Illustrated: *Fine Inkstones of Tokyo*, Vol. 63, pp. 20-21, no. 18

29.3 × 19.5 × 7.5cm

RMB: 60,000—80,000

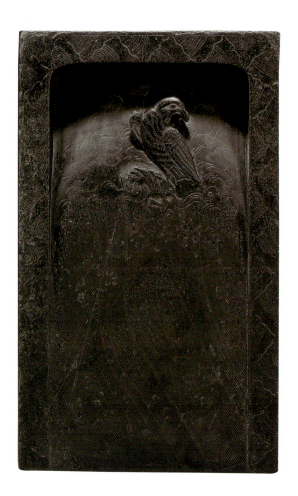

2220

明·雄鷹紋長方抄手歙硯

說明：歙硯出古歙州，為四大名硯之一，久負盛名，蘇東坡評其"澀不留筆，滑
　　　不拒墨，瓜膚而縠理，金聲而玉德"；此硯為歙石所制，作抄手式，淺開堂，
　　　開淌池，留闊邊，邊淺刻水浪紋，硯池內浮雕立鷹一隻，雕工渾樸。石色青灰，
　　　質地堅潤，包漿厚重，為歙硯中上等石材。配紅木嵌玉天地蓋。

MING DYNASTY A RECTANGULAR SHE INKSTONE WITH
EAGLE PATTERN AND A JADE-INLAID MAHOGANY CASE

22.8×17×6.2cm
RMB: 45,000－60,000

2221

宋·鳳紋歙硯

說明：此歙硯造型如風字抄手，淺雕鳳紋環抱硯堂，開如意池。線條流暢，刻畫細膩生動，刀
　　　法精細有古意。硯背光素，線條流利，古雅動人。石色青灰，質地細潤，包漿厚重。

SONG DYNASTY A SHE INKSTONE WITH PHOENIX PATTERN

16.8 × 8.5 × 2.5cm

RMB: 30,000－50,000

2222

清·古獸紋四足端硯

說明：硯為端石製，長方形，硯面仿宋式，闊邊，開一字池，清雅明快，下部
雕成四足几式，滿雕古獸紋，四足雕仿古獸面紋，端莊古樸，形制頗為
少見。石色紅紫，質純而細，為端石中上佳石材。配紅木天蓋。

QING DYNASTY A DUAN INKSTONE WITH 'BEAST' FEET
AND A MAHOGANY CASE

20 × 13.1 × 5.2cm
RMB: 30,000－40,000

2223
明·臥獸形硯
說明：配雕獸面紋木底座。

MING DYNASTY A BEAST-SHAPED INKSTONE AND A WOOD
BASE
22.2 × 13.2 × 3.2cm
RMB: 28,000－35,000

2224

清・橋頭石荷葉硯

說明：配紅木硯盒。

QING DYNASTY A LOTUS-LEAF-SHAPED INKSTONE AND A
MAHOGANY CASE

25.2 × 16 × 2.5cm

RMB: 20,000—30,000

2225

清·圭璧池長方澄泥硯

說明：圭璧為上古禮器，《周禮·考工記》：圭璧五寸，以祀日月星辰。古硯琢
　　　為圭璧池者頗多。此硯為澄泥質，長方形，形制規則，琢圭形硯池，硯
　　　崗處浮雕雙龍紋璧，雕工精雅，石質堅實細密，色如鱔魚黃，鋒芒外露，
　　　下發墨極佳。配紅木硯盒。

QING DYNASTY A RECTANGULAR CHENGNI INKSTONE
AND A MAHOGANY CASE

$16 \times 10.5 \times 2.1$cm
RMB: 10,000 — 20,000

2226

清·透雕山水人物紋洮河石硯

說明：洮河石硯為四大名硯之一，產於甘肅洮河之濱，傳世舊硯中洮
　　　河石硯極少。宋代著名詩人、大書法家黃庭堅賦詩："洮河綠石
　　　含風漪，能淬筆鋒利如錐。"足可見洮硯石石質之佳。此硯為洮
　　　河佳石所制，色碧綠，紋理通達，硯首透雕山水人物紋，雕刻
　　　精細，石質細潤，下發墨流利。

QING DYNASTY　A TAOHE INKSTONE WITH
LANDSCAPE AND FIGURE PATTERN

21.8 × 17 × 3.5cm
RMB: 16,000—20,000

2227

清 · 雲靈九福淌池端硯

說明：硯以端石制，隨形近長方。硯面受墨處平坦光滑，四周及硯背淺浮雕
　　　雕雲蝠紋，皆借石眼為蝙蝠，大小不一，石色青紫，石質溫潤細膩，
　　　配紅木硯盒。

QING DYNASTY A DUAN INKSTONE WITH BAT AND
CLOUD PATTERN AND A MAHOGANY CASE

19 × 12.8 × 2cm
RMB: 20,000－30,000

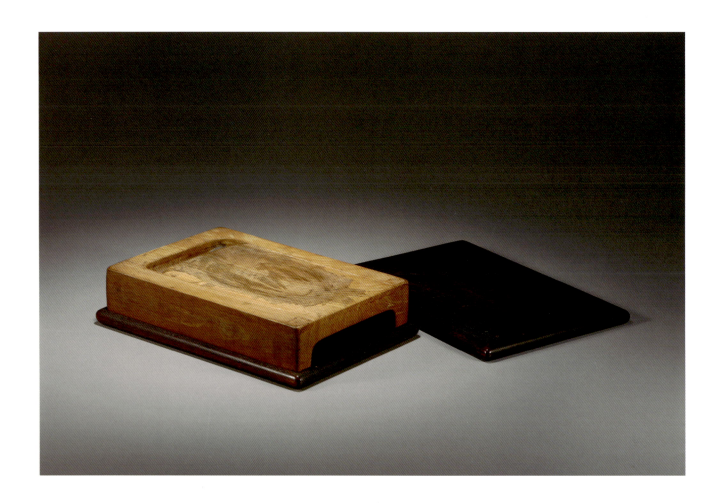

2228

清·黃松花石抄手硯

說明：松花石因產於松花江之源而得名。松花石又名松花玉，宜於制硯。《硯林脞錄》載其硯："溫潤如雨，紺綠無瑕，質堅而細，色嫩而純，滑不拒墨，澀不滯筆，硯之神妙甚備。"康熙皇帝封其為"御硯"。硯作長方抄手式，色黃，有紋理如木。硯堂淺，開一字深池，線條挺拔俐落，端莊大氣。配紅木天地蓋。

QING DYNASTY A YELLOW SONGHUA INKSTONE AND A MAHOGANY CASE

28.3 × 18.6 × 5cm

RMB: 20,000－30,000

2229

清·龍紋抄手澄泥硯

說明：澄泥硯，鱔魚黃。長方形，淌池抄手式，硯額及硯邊淺雕龍紋，兩端飾龍
紋及流雲紋。此硯質地細膩潤滑，品相完整，雕工精湛。配紅木硯盒。

QING DYNASTY A CHENGNI INKSTONE WITH DRAGON
PATTERN AND A MAHOGANY CASE

20.1 × 12.5 × 3.9cm

RMB: 18,000—25,000

2230

米芾拜石圖長方端硯

銘文：西洞神品。印文：十研軒

說明：硯為端石，長方，淺雕梧桐紋，環以流雲紋，並以雲紋回環成硯池。雲紋間有石眼數顆，大眼借為明月，小眼如星，立意清幽。硯背浮雕米芾拜石圖。石色紫，純淨細膩，為端石中上品。配紅木硯盒。

A RECTANGULAR DUAN INKSTONE WITH FIGURE PATTERN AND A MAHOGANY CASE

20.1 × 13.2 × 2.5cm

RMB: 80,000－100,000

2231

清 · 雲紋淌池高眼端硯

說明：硯為長方形，方正規整，開淌池。硯額雕雲紋，舒捲入硯池，刀工流
暢圓潤，並有石眼一顆，如雲中朗星。硯背覆手內雕象紋。石色紫而
帶赤，純淨細潤。配舊錫盒。

QING DYNASTY A DUAN INKSTONE WITH CLOUD
PATTERN AND AN OLD TIN CASE

16.9 × 11.3 × 2.3cm

RMB: 20,000－30,000

2232

清・歙硯二方

說明：配紅木天地蓋及硯盒。

QING DYNASTY TWO SHE INKSTONES
AND A MAHOGANY CASE

17.4 × 11.2 × 2.4cm   17.8 × 12 × 3.9cm

RMB: 20,000－30,000

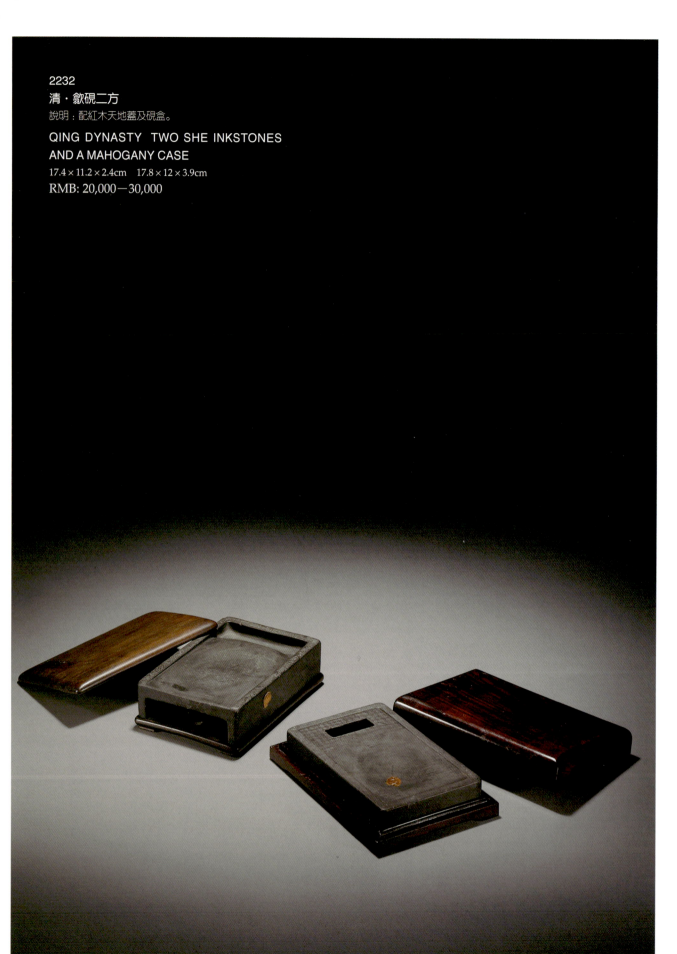

2233

端硯二方

說明：一方配紅木硯盒。

TWO DUAN INKSTONES AND A
MAHOGANY CASE

16 × 1.6 × 2cm　17.4 × 11.8 × 2cm

RMB: 20,000－30,000

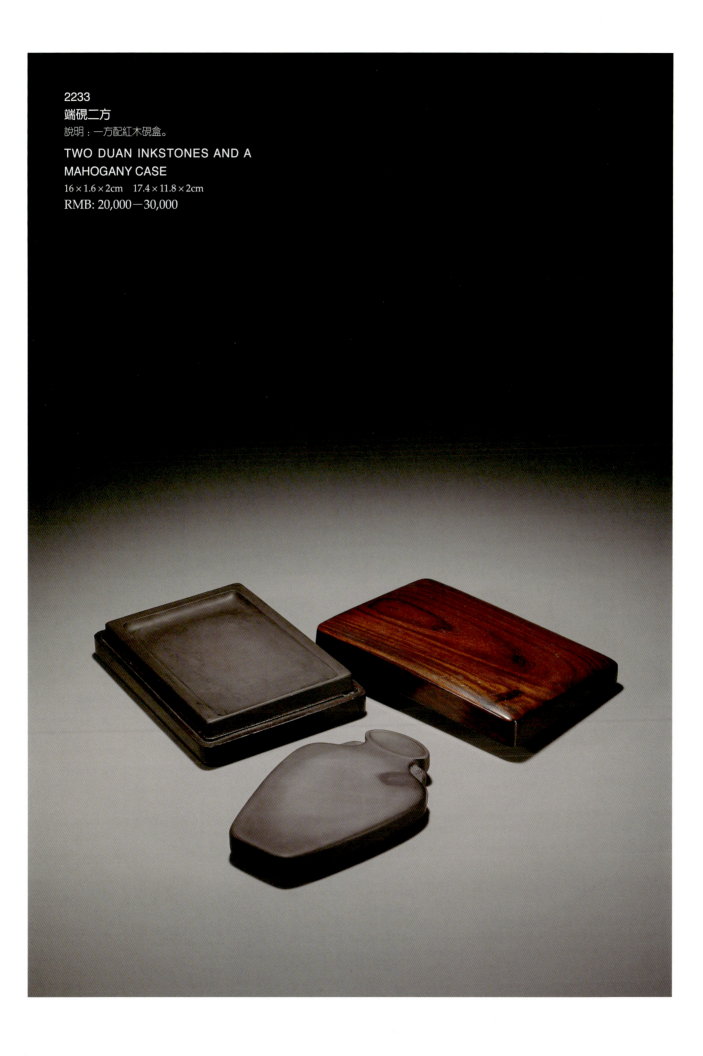

2234

清·瓜形端硯 九宮圖澄泥硯二方

說明：端硯配紅木硯盒。澄泥硯配紅木天地蓋。

QING DYNASTY A MELON-SHAPED DUAN
INKSTONE AND A CHENGNI INKSTONE WITH
NINE HALLS DIAGRAM PATTERN AND A
MAHOGANY CASE

14 × 12.5 × 1.9cm   13 × 12.8 × 2.5cm

RMB: 10,000－20,000

2235

隨形平板對硯

說明：對硯為一石所開，石質相同，紋理相對，有幸福和諧，成雙成對的寓意，
　　　對硯不多見，佳者更為難得。此隨形平板對硯石質上乘，細潤無比，
　　　色紫中泛蒼灰，硯堂純淨無比，可見青花、浮雲凍及火捺。形制飽滿，
　　　文雅可愛。配紅木硯盒。

A PAIR OF INKSTONES AND A MAHOGANY CASE

22.3 × 12.8 × 2.3cm × 2

RMB: 20,000－30,000

2236

平板端硯

說明：硯長方形，面背俱平整，線條挺拔，沉靜典雅。石質細膩溫潤，撫之則暈。
石色灰紫，有天青、青花、翡翠斑等珍貴石品。配紅木硯盒。

A FLAT DUAN INKSTONE AND A MAHOGANY CASE

30.5 × 19.8 × 2.8cm

RMB: 20,000－30,000

2237

清·夔龍紋長方淌池老坑端硯

說明：端硯老坑又稱水岩，是端硯眾坑中的佼佼者，排位於上三坑之首。古之
　　　愛硯者莫不寶之。清人曾有硯銘讚美老坑"玉斧劈開，紫雲一片。若遇
　　　江郎，陰晴百變。乞靈浚思，青錢萬選"。此硯以老坑佳石所制，長方開
　　　淌池，留闊邊，硯堂平整，邊飾仿古夔龍紋，質細而潤，硯堂及背有大
　　　片冰紋。配紅木硯盒。

QING DYNASTY A RECTANGULAR DUAN INKSTONE WITH
DRAGON PATTERN AND A MAHOGANY CASE

19.5 × 12.6 × 1.9cm

RMB: 70,000—90,000

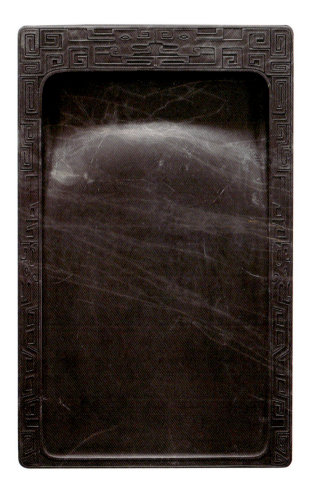

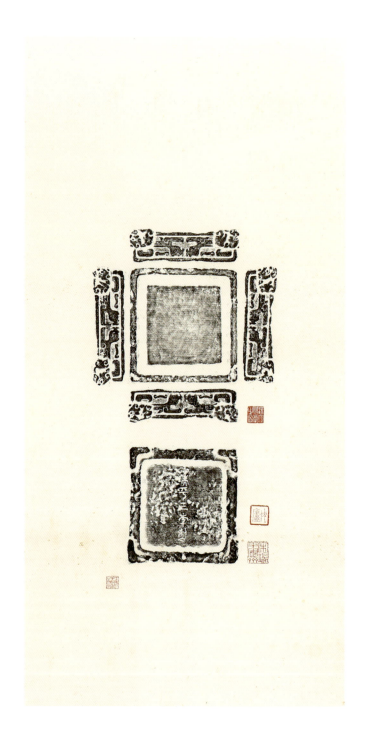

2238

陳漢第藏宋端平硯拓　王秀仁手拓本

舊拓本

1 軸　紙本

鑒藏印：漢太邱長之裔（朱）、宋端平硯齋（白）、伏廬（朱）、王秀仁手拓金石文字（朱）

說明：此硯拓為陳漢第舊藏，民國間傳拓名手王秀仁手拓。

[CHEN HANDI] RUBBING OF A DUAN INKSTONE

Old Ink-rubbing

1 scroll

98×42cm

RMB: 15,000－25,000

藏者簡介：陳漢第（1874～1949）字仲恕，號伏廬，杭州人。豪子。清季翰林，辛亥革命後歷任國務院秘書長，清史館編纂，
　　　　晚年寓上海。擅寫花卉及枯木竹石，尤善畫竹。筆墨謹嚴，極有法度而仍生動有致。藏印頗富，有《伏廬印存》。

2239

《古名硯》硯譜一套五冊

昭和五十年至五十一年（1975 ～ 1976）二玄社出版

編號 669

5 冊紙本

說明：《古名硯》此書為昭和五十年至五十一年（1975 ～ 1976）二玄社出版，集日本所藏中國古硯之精華。
限量發行 1000 部，本書狀態極佳。圖版印刷上乘，如實地再現了古硯之精妙與石質之幽趣。古硯
基本按照原寸收錄，卷末解說列記尺寸、重量、石質特徵，簡易的所載書目，並附相應的拓片、圖
版資料、銘文及釋文。裝幀豪華精美，是古硯鑒賞價值極高的重量級巨作。全書共分五冊：第一冊，
端硯，收錄 73 方；第二冊，端硯，收錄 79 方名硯；第三冊，洮河、綠石，收錄 45 方名硯；第四冊，
歙硯，收錄 62 方名硯；第五冊，澄泥、諸硯，收錄 88 方名硯。

THE FINEST CHINESE INKSTONES (5 vols, No.669)

Published by Nigensha Agency between 1975 and 1976

5 volumes

45×34cm×5 冊

RMB: 25,000－35,000

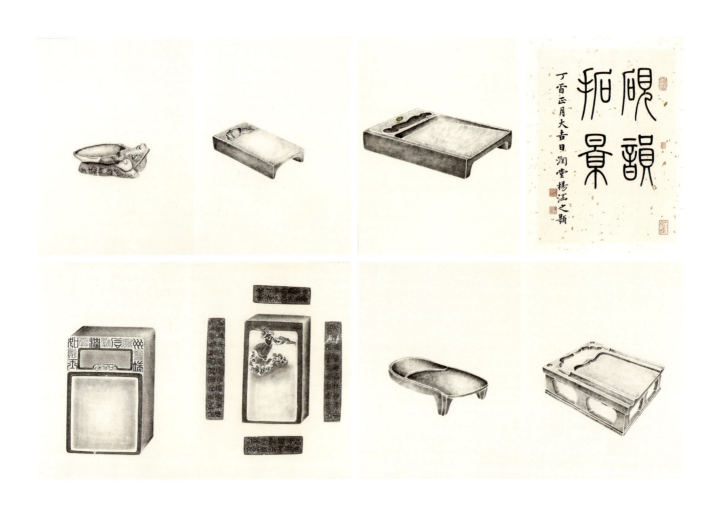

2240

《硯韻拓景》全形硯拓一冊

拓本

一冊　紙本

提要：此本收全形硯拓七十餘張，字口清晰，拓工精巧。生動立體，極富神韻。有西泠
　　　印社社員楊華題簽及鈐印。楊華，字涵之，夢凡。別署悟閑草堂、獨上高樓、得
　　　一樓。1977 年出生，祖籍天津。寧夏書畫院專業書畫家、篆刻家。西泠印社社員、
　　　中國書法家協會會員。

ALBUM OF RUBBINGS OF INKSTONES

1 volume

45 × 33cm

RMB: 35,000－50,000

2241

清末民國·文苑精華、翰苑清賞、群仙祝壽圖墨三套（二十四錠）

LATE QING DYNASTY-EARLY REPUBLIC OF CHINA THREE
SETS OF TWENTY-FOUR INKSTICKS

尺寸不一　重量不一

RMB: 27,000－35,000

2242

民國乙亥年（1935 年）· 胡開文製吳曼公 "珠字堂墨" 五錠

說明：墨呈笏形，雙面淺刻龍紋框，描金。正面上書 "珠字堂墨" 四字，下署 "乙亥年造"；背面正中行書寫 "吳曼公屬
　　　胡開文選煙" 九字，文字俱填金。墨模刻精緻，製作精良，乃胡開文墨店為民國書法家吳曼公精心製作的定版墨，
　　　十分難得。

FIVE INKSTICKS MADE BY HU KAIWEN IN 1935

1.9×1×10cm×5　每錠重約 35g

RMB: **無底價**

藏者簡介：吳曼公（1895 ~ 1979）字觀海，江蘇武進人，民國間任故宮博物院顧問，故宮博物院古物館編纂課主任，建
　　　國後陳毅力邀為上海文物保管委員會特約編纂。其人擅鑒書畫，諳熟金石碑版。

2243

民國甲戌年（1934 年）·陳公木製吳曼公 "珠字堂拓碑墨" 十二錠

TWELVE INKSTICKS MADE BY CHEN GONGMU IN 1934

2.1×1.1×9.6cm×12　每錠重約 30g

RMB: 無底價

2244

清・一笏金、半畝書屋、古梅軒選煙等墨十二錠

QING DYNASTY TWELVE INKSTICKS

尺寸不一　重量不一

RMB: 無底價

2245

清・運道堂、太華秋、紫玉光等墨十四錠

QING DYNASTY FOURTEEN INKSTICKS

尺寸不一　重量不一

RMB: 無底價

2246

清・和風甘雨、富貴壽考墨等十六錠

說明：配舊楠木匣。盒蓋填藍書"墨苑萃珍"四字，木匣分四
　　　層，作抽屜，屜內襯錦，每屜四錠裝。

QING DYNASTY SIXTEEN INKSTICKS

1.9×0.8×7.8cm×16　每錠重約 16g

RMB: 20,000－30,000

2247

乙照齋學畫墨、濠梁郭氏選煙十六錠

說明：許林邨舊藏。

SIXTEEN INKSTICKS

1.8×0.7×7.8cm×16　每錠重約 15g

RMB: 4,000－6,000

2248

清·手卷墨一套（十錠）

QING DYNASTY A SET OF TEN
SCROLL INKSTICKS

尺寸不一　重量不一

RMB: 無底價

2249

清末民國·鴛鴦七志齋、龍麟風雲等墨九錠

LATE QING DYNASTY-EARLY REPUBLIC OF
CHINA NINE INKSTICKS

尺寸不一　重量不一

RMB: 無底價

2250

清末民國·富貴圖、紫玉光墨等二十八錠

LATE QING DYNASTY-EARLY REPUBLIC OF
CHINA TWENTY-EIGHT INKSTICKS

尺寸不一，重量不一

RMB: 無底價

2251

清末民國·龍鱗風雲、百壽圖等墨三十三錠

LATE QING DYNASTY-EARLY REPUBLIC OF
CHINA THIRTY-THREE INKSTICKS

尺寸不一，重量不一

RMB: 無底價

2252
清·知足齋藏彩墨二錠

QING DYNASTY TWO COLORED INKSTICKS COLLECTED BY
ZHIZUZHAI STUDIO
2.7 × 2.7 × 16cm   216g   2.6 × 2.6 × 15.6cm   184g
RMB: 無底價

2253
清中期·硃砂墨一錠
說明：許林邨舊藏。

MID-QING DYNASTY A CINNABAR
INKSTICK
1.8 × 1.2 × 8.5cm   95g
RMB: 10,000－20,000

2254

清·"湛虚樓" 彩墨三錠

QING DYNASTY THREE COLORED INKSTICKS

8.7×4×1.4cm×3   88g   90g   155g

RMB:12,000－15,000

2255

顏料三瓶

說明：大紅一瓶 667g；金黃一瓶 158g；酸性金黃一瓶 45g。

THREE BOTTLES OF PIGMENT

RMB: 無底價

2256

清 - 民國 · 封爵銘、聽泉、守硯堂等墨十六錠

QING DYNASTY-EARLY REPUBLIC OF CHINA
SIXTEEN INKSTICKS

尺寸不一　重量不一
RMB: 25,000－35,000

2257

清末民國 · 紫玉光、黃山松煙、漱金等墨七錠

LATE QING DYNASTY-EARLY REPUBLIC OF CHINA
SEVEN OLD INKSTICKS

尺寸不一　重量不一
RMB: 無底價

2258

清末民國‧胡開文製群仙祝壽圖墨一套（四錠）

說明：套墨共四錠，配描金漆木盒。最末一錠側署"徽州休城胡開文造"。

LATE QING DYNASTY-EARLY REPUBLIC OF CHINA A SET OF
FOUR INKSTICKS WITH IMMORTAL PATTERNS MADE BY HU
KAIWEN

2.7×0.8×9.7cm×4 每錠重約32g

RMB: 10,000－20,000

2259

清‧龍煤松煙、龍門、簹韻樓自製墨等五錠

QING DYNASTY FIVE INKSTICKS

10.1×2.4×0.9cm 30g   10×4×1.1cm 53g   8.5×2×1cm 24g

13.6×3.1×2cm 122g   9.1×1.9×1cm 30g

RMB: 15,000－20,000

2260

馬叔雍舊藏，清乾隆·凌雲向日御墨

盒內題字：玉綱齋藏乾隆凌雲向日御墨一丸，中品上。乙未仲秋馬叔雍記。鈐印：馬穆之（白）

說明：墨呈長圓形，通體漆衣，正面上端隸書"御墨"，中隸書"凌雲向日"，下鈐朱文印"筆端造化"，
　　　均填金。背雕竹石花卉，雕之精美，模印之精確，非普通可比擬。側楷書款"大清乾隆年製"。
　　　御墨一般由內務府造辦處所製。

參閱：《清墨談叢》第394頁，紫禁城出版社。

QIANLONG PERIOD, QING DYNASTY A FINE INKSTICK, COLLECTED BY MA
SHUYONG

12.4×3.9×1.5cm　104g

RMB: 40,000－60,000

藏者簡介：馬叔雍，生卒不詳，擅金石傳拓，尤長於拓墨，鑒藏古舊專家，與張大千交善。玉綱齋為其
　　　　　在北京琉璃廠內的齋號。

御墨

凌雲向日

大清乾隆年製

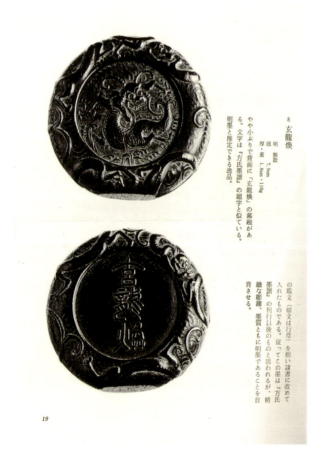

やや小ぶりで背面に「方氏墨譜」の「玄龍煥」の題字があ
る。文字は「方氏墨譜」の「玄龍煥」の題字と似ている。
明墨と推定できる逸品。

8・玄龍煥
明 無款
径 7.9cm
厚・重 1.8cm・111g

の跋文（原文は行草）を指いて諸書に改めて
入れたものである。従ってこの墨は『方氏
墨譜』の刊行以後のものと思われるが、精
緻な彫鏤、墨質ともに明墨であることを首
肯させる。

2261

明·"玄龍煥" 墨一錠

說明：墨呈圓形，形似瓦當，圓邊隆起，浮雕三隻螭龍，墨面一面浮雕海水
龍紋，另面陽文篆書"玄龍煥"墨名。紋飾佈局繁密，高浮雕龍紋身
姿矯健，足見墨模雕刻工藝高超。漆皮光潤，墨面經年歷久而成自然
的冰裂紋，為明代晚期制墨之精品。墨下端部分已經磨用。

參閱：《文房四寶》第 124 期 P19，平凡社。

MING DYNASTY A VERY FINE AND RARE INKSTICK WITH
DRAGON PATTERN

7.7×7.9×1.9cm 重 111g
RMB: 200,000－300,000

2262

程君房款五牛圖、天保九如墨二錠

說明：帶舊錦盒，其中一盒內有犬養毅鈐印：木堂鑒藏（朱）、犬養毅（白）犬養毅（1855-1932）
通稱仙次郎，號木堂。日本近代明治、大正、昭和三朝元老重臣、著名資產階級政黨政治
家、日本列島資產階級護憲運動的主要領袖，日本第29任首相。中國民主革命先行者孫
中山的革命密友。精通中華文化，與吳昌碩、梁啟超、內藤虎等眾多中日文化名人為至交，
同時精通書畫文房雅玩之鑒賞，亦是日本近代有名的收藏家。

MING DYNASTY TWO INKSTICKS WITH 'CHENG JUNFANG' MARK

直徑 11.2　厚 1.5cm　150g　直徑 9.1　厚 1.3cm　116g

RMB: 30,000－40,000

2263

方于魯、程君房製墨二錠

說明：方大澂製墨一錠，呈圓形，窄緣立邊。墨面以篆書題："大藏　寫經之墨"，
　　　旁署"方大澂製"款，下鈐小印。墨背則浮雕"大藏寫經"的佛教典故《掃
　　　象圖》，羅漢面相飽滿圓潤，大象豐盈肥碩，意氣安詳。此墨製模精準，拍
　　　模精細，煙純如漆，膠輕如縷。另有程君房製墨一錠，方形，窄緣立邊，一
　　　面模刻圖案，一面文字，一側署"天啟九年"款，另一側署"程君房製"。
　　　帶舊錦盒。

MING DYNASTY　TWO INKSTICKS MADE BY FANG YULU AND
CHENG JUNFANG

5.4×5.4×0.9cm　29g　直徑 8.8cm　厚 1.4cm　88g
RMB: 30,000－50,000

2264

清 · 王堯章製 "漱金家藏" 墨四錠

說明：墨一盒四錠，長條形，通體灑金，正面填藍書 "漱金家藏" 四字，底施雲紋；背面模
刻蕉葉山石圖案。一側署 "屯溪王堯章製"，另一側署 "休甯胡星聚墨"。按：王堯章
學藝于胡星聚，後來自立門戶，墨肆之名不可考，所製之墨多兼具胡星聚名字。此墨
式樣亦應源自胡星聚墨肆。

QING DYNASTY FOUR INKSTICKS MADE BY WANG YAOZHANG

8.6×2×1cm×4　每錠重約29g

RMB: 18,000－25,000

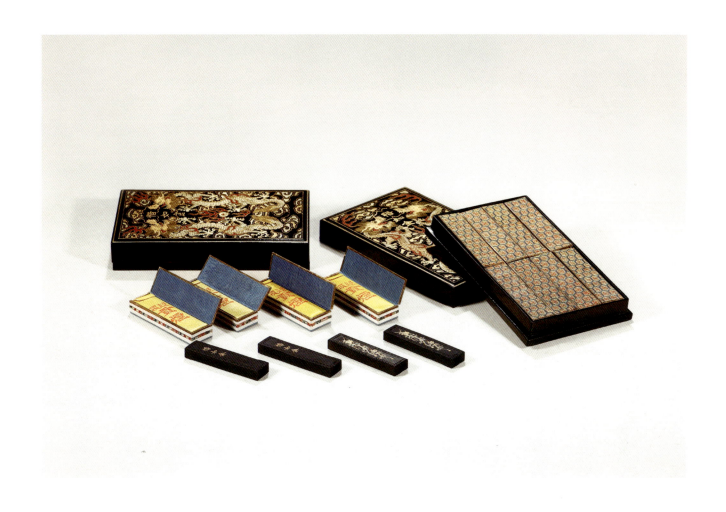

2265

清乾隆·曹德酬製 "惜如金" 墨二盒（十六錠）

說明：帶老錦盒，配描金龍紋漆木盒。曹德酬，曹素功六世孫，乾隆時期製墨大家，常製御墨進貢。曹氏乾隆墨品，所製精良，選用松煙極為細膩，呈現黑色寶光，溫潤而不乾澀，形制嚴謹而造，量小墨錠所成品精巧，品質絕佳，為後世所不能及。

QIANLONG PERIOD, QING DYNASTY TWO CASES OF SIXTEEN
INKSTICKS MADE BY CAO DECHOU

7.4×1.7×0.8cm×16　每錠重約17g
RMB: 80,000－120,000

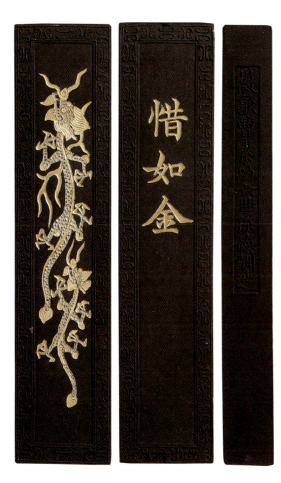

2266

清 · 新安大好山水墨八錠

說明：新安大好山水套墨系徽州製墨名家胡開文所創製。其一面模印新安大好山水，將
"桃源"、"石照"、"龍尾"、"松蘿"等八景收於墨塊方寸之上，對面則有相應的
詞句描述。畫面模造精細，用料上佳，詩畫相配頗有文人雅趣。此套墨質地堅細，
鐫刻精美，畫面生動，集繪畫、書法、雕刻藝術成就於一體，不可多得。配舊描
金漆木盒。

QING DYNASTY EIGHT INKSTICKS WITH LANDSCAPE PATTERNS

8.9×2.2×1cm×8　每錠重約25g

RMB: 80,000－100,000

翠眉　桃源　祁山　松蘿

齊雲　龍尾　漁梁　石照

2267

清・黃山圖墨九錠

說明：一盒九錠，半套。舊描金漆木盒。

QING DYNASTY NINE INKSTICKS WITH MOUNT HUANG PATTERNS

8.7×1.7×1.2cm×5　每錠重約 26g　8.8×2.1×1.1cm×4　每錠重約 33g

RMB: 28,000－35,000

2268

清·瀛洲圖墨一套（十八錠）

說明：墨共計十八枚，以"十八學士登瀛洲"為題材，墨面淺浮雕十八學士，以金彩小楷書十八學士名，寓意 極佳，帶原裝黑漆描金雙龍紋盒套。唐太宗李世民在長安城設文學館，王府屬杜如晦、記室房玄齡、虞世南、文學褚亮、姚思廉、主簿李玄道、參軍蔡允恭、薛元敬、顏相時、詔議典籤蘇勖、天策府從事中郎于志寧、軍諮祭酒蘇世長、記室薛收、倉曹李守素、國子助教陸德明、孔穎達、信都蓋文達、宋州總管府戶曹許敬宗共十八人常討論政事、典籍，當時稱之為"十八學士"。

QING DYNASTY A SET OF EIGHTEEN INKSTICKS WITH LANDSCAPE PATTERNS

3×0.8×6cm×18　每錠重約 14g

RMB: 35,000—50,000

2269

清·黃山圖墨一套（十八錠）

說明：配舊描金漆木盒。

QING DYNASTY A SET OF EIGHTEEN INKSTICKS WITH MOUNT HUANG PATTERNS

$2.1 \times 1.2 \times 8.8$cm $\times 8$　每錠重約 33g　$1.7 \times 1.2 \times 8.8$cm $\times 10$　每錠重約 26g

RMB: 40,000—50,000

2270

清·胡學文製黃山圖墨一套（十八錠）

說明：天津文物公司舊藏。黃山圖墨一套，共十八錠，規格一致。每錠墨正面繪黃山一
　　　峯景色，上首楷書填金題峯名，背面行書陽刻對應的詩文。最末一錠側面楷書陽
　　　文署"徽城胡學文監造"。此套墨製作精巧，墨模刻細緻，山峰清峻，雲霧繚繞。
　　　墨色漆黑發亮，墨質細膩純潔，配舊描金彩繪龍紋黑漆木盒。

QING DYNASTY A SET OF EIGHTEEN INKSTICKS WITH MOUNT
HUANG PATTERN MADE BY HU XUEWEN, COLLECTED BY TIANJIN
ANTIQUE COMPANY

1.9×0.7×7.4cm　每錠重約 14g

RMB: 30,000－40,000

2271

清·五老圖墨一套（五錠）

說明：天津文物公司舊藏。"五老圖"為宋朝民間故事。《澠水燕談錄》載："慶歷年，杜岐公告老退居南京與太子賓客王渙，光祿卿致畢世長，兵部郎中分司朱貫，尚書郎致仕馮致平為五老會"。五人年皆八十，相得甚歡，成為歷史美談。帶原裝描金黑漆木盒，盒蓋殘。

QING DYNASTY A SET OF FIVE INKSTICKS, COLLECTED BY TIANJIN ANTIQUE COMPANY

尺寸不一　重量不一

RMB: 20,000－30,000

2272

清·胡開文製十二生肖墨（六錠）

說明：天津文物公司舊藏。套墨本共十二錠，此僅得其半。形式各異，俱雙面起
　　　漆框，一面模刻生肖圖案，在圖案一角寫上其對應的地支，字描框填金。
　　　另一面正中填金書對應的詩文，字體各異，四周則襯以描金彩繪。側面則
　　　署"胡開文監造"、"胡開文法製"等，款識不一。此套墨刻模精美，墨質
　　　細膩純淨、黝黑堅潤，實為上乘之作。配舊描金黑漆木盒，盒蓋正中有"八
　　　寶奇珍"字樣。

QING DYNASTY SIX INKSTICKS WITH ZODIAC PATTERNS
MADE BY HU KAIWENAND, COLLECTED BY TIANJIN ANTIQUE
COMPANY

尺寸不一　重量不一
RMB: 40,000－50,000

2273

清・十萬杵、海曙雲霞、漱金、君子之風墨五錠

說明：徽州休城老胡開文同治己巳（1869年）年造採蓮書屋珍藏"十
　　　萬杵"墨二錠，曹素功堯千氏造漱金、海曙雲霞、君子之風墨
　　　各一錠。

QING DYNASTY FIVE INKSTICKS

9.7×2.3×0.9cm×2　每錠重約30g　7×1.7×0.8cm　16g

7.3×1.7×0.9cm　17g　10.8×2.8×1.1cm　52g

RMB: 8,000－15,000

2274

惜如金墨等十七錠

說明：陷糜墨五錠，古陷糜墨二錠，金殿餘香墨二錠，
　　　壽星墨二錠，惜如金墨二錠，飛瀑山樵端友氏家
　　　藏墨一錠，若耶風雲墨三錠。

SEVENTEEN INKSTICKS

尺寸不一　重量不一

RMB: 20,000－30,000

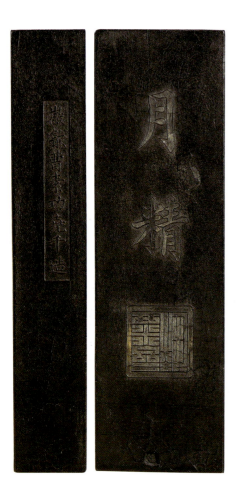

2275

清·曹素功製月精墨一錠

說明：配舊木盒。

QING DYNASTY A FINE INKSTICK MADE BY CAO SUGONG

3.5 × 1.9 × 11.1cm   114g

RMB: 18,000－25,000

2276
狀元及第、紫玉光、天保九如等墨十錠
說明：狀元及第墨一盒八錠，紫玉光大墨一錠，天保九如墨一錠。

TEN INKSTICKS
7.9×2×0.8cm×8　每錠重約17g
20×3.8×3cm　276g　13.3×3.7×1.8cm　139g
RMB: 26,000—35,000

2277
清·鳳池春、富貴圖、君子墨十錠

QING DYNASTY TEN INKSTICKS

9.5×2.3×1cm×2　每錠重約33g
7.8×1.9×0.7cm×4　每錠重約16g
8×1.9×0.7cm×4　每錠重約16g
RMB: 18,000－25,000

2278
清末·瀟湘室書畫墨等六錠

LATE QING DYNASTY SIX INKSTICKS

7.9×2×0.8cm×2　每錠重約18g　7.9×1.9×0.9cm×4　每錠重約17g
RMB: 12,000－15,000

2279
清·紫玉光、漱金、流芳百世等墨六錠

QING DYNASTY SIX INKSTICKS
尺寸不一　重量不一
RMB: 12,000－15,000

2280
金殿餘香、天保九如、萬壽無疆等墨九錠

NINE INKSTICKS
尺寸不一　重量不一
RMB: 10,000－20,000

2281

上海墨廠製鐵齋翁書畫墨六錠

SIX INKSTICKS MADE BY SHANGHAI INK
MANUFACTURER

23×6.5×2.4cm　518g　16.9×4.5×2.4cm×5　每錠重 255g

RMB: 10,000－15,000

2282

1980 年代上海墨廠製鐵齋翁書畫
寶墨五錠

說明：原裝舊錦盒，每錠八兩裝。

FIVE INKSTICKS MADE
BY SHANGHAI INKSTICK
MANUFACTURER IN THE 1980S

4.6×2.3×17.3cm　每錠重約 269g

RMB:10,000－15,000

2283

上海墨廠製白龍山人定版墨十五錠

FIFTEEN INKSTICKS MADE BY SHANGHAI INK
MANUFACTURER

13.4×3.7×1.7cm×5　每錠重約130g　13.4×3.8×1.8cm×10　每錠重約134g

RMB: 無底價

2284

上海墨廠製"千秋光"墨一百錠

ONE HUNDRED INKSTICKS MADE BY SHANGHAI INK
MANUFACTURER

9.7×2.3×1cm　每錠重約32g

RMB: 無底價

2285

夥川點漆、松煙督護、金殿餘香墨三錠

THREE INKSTICKS

12.8×3×1.4cm　72g　12.2×3.9×1.7cm　120g
13×3.5×2.1cm　135g
RMB: 18,000－25,000

2286

紫玉光、漱金墨三錠

THREE INKSTICKS

11.7×1.9×1.7cm　57g　12.1×2×1.8cm×2　每錠重約64g
RMB: 8,000－12,000

2287

上海墨廠製鐵齋翁、百壽圖墨六錠

SIX INKSTICKS MADE BY SHANGHAI INK MANUFACTURER

11.7×3.1×1.3cm×2 　每錠重約 69g 　11.7×3.3×1.3cm×4 　每錠重約 72g

RMB: 18,000－25,000

2288

氣葉金蘭、鳳池春等墨四錠

FOUR INKSTICKS

11.9×3.1×1.4cm 　70g 　12×3.3×2.1cm 　122g 　12×2.7×1.5cm 　67g

12.4×2.8×1.1cm 　59g

RMB: 8,000－12,000

2289

上海墨廠製黃山松液、龍翔鳳舞、鐵齋翁書畫墨三十二錠

說明：上海墨廠 1989 年製黃山松液墨一包八錠，每錠二兩；龍翔鳳舞墨
一包，十六條二兩裝；鐵齋翁書畫墨二包，每包四錠，油煙一 0 一。

THIRTY-TWO INKSTICKS MADE BY SHANGHAI INK
MANUFACTURER

尺寸不一　重量不一
RMB: 12,000－15,000

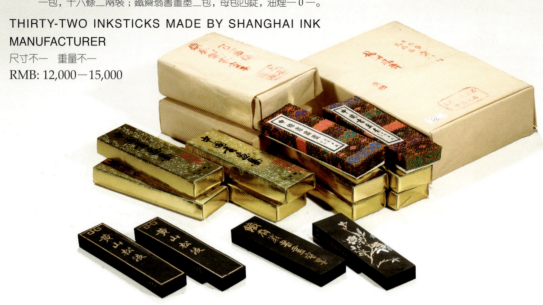

2290

上海墨廠製黃山松煙、大好山水、天保九如墨四十五錠

FORTY-FIVE INKSTICKS MADE BY SHANGHAI INK
MANUFACTURER

尺寸不一　重量不一
RMB: 10,000－20,000

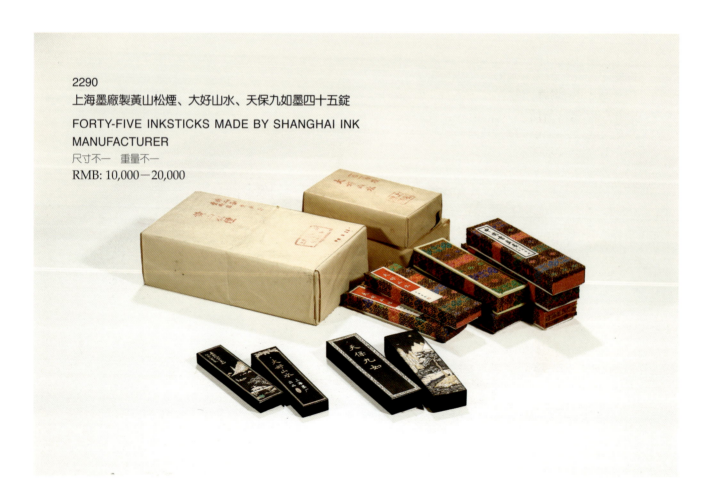

2291
蘭亭、松玄、周舉鼎銘等墨四錠
FOUR INKSTICKS
4.8×5.1×1cm   25g   13.2×3.3×1.2cm   61g   14.6×9.7×1.5cm   218g
12.2×3.8×1.9cm   127g
RMB:10,000－20,000

2292
清·御製民生在勤詩、貢煙等墨三錠
QING DYNASTY THREE INKSTICKS
9.1×2.3×1cm   29g   11.3×3.7×1.2cm   70g   9.4×2.4×1.1cm   35g
RMB: 15,000－20,000

2293

黃山風景、愛恨分明、中國畫研究院定版墨等三十五錠

說明：安徽歙縣老胡開文墨廠製"愛恨分明"墨一盒十錠；歙縣徽墨
廠製"黃山風景"墨一盒，一斤十八錠裝；另有上海墨廠製中
國化研究院定版墨七錠。

THIRTY-FIVE INKSTICKS

尺寸不一　重量不一
RMB: 無底價

2294

迎客松、大好山水、黃山靈芝草等墨三十八錠

說明：徽州墨廠製動物墨兩盒共十錠，"大好山水"十錠，"黃山靈
芝草"墨五錠，歙縣老胡開文墨廠製"迎客松"墨十錠，上
海墨廠製"魯迅詩"墨三錠。

THIRTY-EIGHT INKSTICKS

尺寸不一　重量不一
RMB:無底價